AF189578

Susanne Hartmann & Ralf Seck

Abenteuer Housesitting

Erlebnistagebuch

Die Autoren:

Fernweh und Reisefieber waren schon in frühester Jugend ihre Begleiter. Seit nun beinahe 30 Jahren leben Susanne Hartmann und Ralf Seck diese Träume gemeinsam und besuchen die entlegensten Winkel der Erde. 2008 haben sie eine einjährige Weltreise absolviert und die Lust auf spannende Begegnungen in exotischen Gegenden treibt sie immer noch an. Das Interesse an alternativen Reiseformen hat sie zu dem Experiment Housesitting geführt und die Erlebnisse dazu haben sie niedergeschrieben in ihrem Buch „Abenteuer Housesitting".

© 2020 Susanne Hartmann und Ralf Seck

Herstellung und Verlag: BoD – Books on Demand, Norderstedt

ISBN: 978-3-7519-5410-5

Vorwort

Was ist eigentlich „Housesitting"?

Housesitting oder auch Haushüten umfasst die Betreuung von Anwesen, deren Besitzer verreist sind. Dazu gehören auch Haustiere sowie Pflanzen, Gärten etc. Um dies leisten zu können, ziehen Housesitter meist vorübergehend in die Häuser der Eigentümer ein. Sie übernehmen deren Alltag rund um Haus, Tier und Garten und erhalten dafür im Gegenzug üblicherweise freies Wohnen. Manchmal gibt es noch ein Auto für die Erledigungen vor Ort und je nach Aufwand vielleicht noch einen gefüllten Kühlschrank. Dank der täglichen Routinen ist man schnell in der Nachbarschaft integriert. So ergibt sich die tolle Möglichkeit, auf eine besondere Art fremde Orte aus der Insider-Perspektive „hautnah" zu erleben. Also haben wir uns auf die Suche nach entsprechenden Angeboten gemacht und sind fündig geworden. Wir konnten uns mit den Eigentümern auf einen Zeitraum einigen und waren von dem Aufenthalt so begeistert, dass wir unsere Geschichte niedergeschrieben haben.

Dieses Erlebnistagebuch zu unserem Abenteuer Housesitting beruht auf wahren Begebenheiten. Wir haben lediglich die Namen der beteiligten Personen und Orte zum Schutz der Privatsphäre geändert. Alles andere ist tatsächlich so passiert.
Im Vorfeld des Housesitter-Jobs haben wir uns viele Gedanken darüber gemacht, welche Herausforderungen auf uns zukommen könnten. Nach diversen Gesprächen waren wir überzeugt davon, mit unseren Fähigkeiten die Richtigen für diese Aufgabe zu sein, und haben uns auf das Abenteuer eingelassen.
Wir durften sehr intensive zweieinhalb Monate mit vielen positiven wie auch einigen negativen Überraschungen erleben, die genügend Stoff für das vorliegende Buch hergegeben haben.

Das Erlebte ist in Tagebuchform aufgebaut, geschrieben von Susanne. Zusätzlich hat Ralf seine *„Randnotizen"* beigesteuert. Diese Ergänzungen beinhalten sowohl persönliche Gedanken, eigene Erlebnisse als auch Hintergrundinformationen.

Die im Text angegebenen Preise können wie folgt umgerechnet werden: 10 malaysische Ringgit = 2,20 €.

Und nun wünschen wir viel Vergnügen beim Eintauchen in unser „Abenteuer Housesitting"!

Abenteuer Housesitting auf Langkawi

Unsere Klamotten sind gepackt, wir sind abfahrbereit, auf zum Flughafen nach Düsseldorf. Von dort geht es nach Malaysia. Doch halt, wie kam es überhaupt dazu, dass wir uns jetzt in dieses Abenteuer stürzen können?

Kurze Rückblende: Ein Regentag im Januar in Calpe an der Costa Blanca in Spanien, unserem alljährlichen Winterdomizil. Ja, richtig gelesen, wir waren nicht einmal zuhause, sondern sowieso schon unterwegs. Da ist es mal wieder mit mir durchgegangen. Ich habe im Internet gesurft und schwupps, da sprang sie mir ins Auge, diese unwiderstehliche Anzeige.

Ein Traum in Tüten: Ein Housesitter-Paar wurde gesucht für eine zweistöckige Strandvilla mit einem Außenpool, der zur Hälfte ins Haus hinein reicht. Die weitere Jobbeschreibung: Gästebetreuung für das Beachhouse inklusive Transfers vom/zum Flughafen, Pflege eines ca. 10.000 m² großen tropischen Gartengrundstücks und last but not least die liebevolle Betreuung von Mischlingshund HobNob. Als Gegenleistung wurden freies Wohnen in der Villa, ein Auto, Fahrräder und Kajaks zur freien Verfügung versprochen. Und das Ganze auf Langkawi, Malaysias angesagtester Urlaubsinsel, ein Garant für Exotik, üppige Vegetation, tropische Temperaturen, weiße Strände und, und, und…

Diesen Job wollten wir unbedingt haben. Kulturell und klimatisch wussten wir, was auf uns zukommen würde. Wir waren bereits dreimal zuvor in Malaysia, davon zweimal auf Langkawi. Nun wollte ich unbedingt den Kontakt zu den Anbietern herstellen. Das war nicht ganz so einfach, wie es im ersten Moment aussah, denn es gab einen kleinen Haken. Die Anzeige erschien auf einem Portal, das zwar für die Hauseigentümer kostenlos ist, die Housesitter jedoch müssen sich dort registrieren und eine Jahresgebühr entrichten. Dort waren wir jedoch noch keine Mitglieder. Zum einen lief uns jetzt die Zeit weg, denn so ein Angebot gibt es nicht alle Tage und da ist die Konkurrenz natürlich groß und schnell. Zum anderen braucht es seine Zeit, um ein ordentliches Profil einzurichten und wir wollten nicht unbedingt eine Jahresgebühr für ein Portal bezahlen, ohne zu wissen, ob die wirklich gut investiert wäre. Mein Ehrgeiz, eine alternative Lösung zu finden, war geweckt. Ich habe nun versucht, mit den wenigen Angaben, die ich der Anzeige entnehmen konnte, Kontakt aufzunehmen. Eine durchaus sportliche Herausforderung. Anhand der Fotos aus der Anzeige konnte ich die Villa dann bei einem Unterkunftsbuchungsportal identifizieren und hatte nun einen Ansatz. Doch auch über diesen Weg war die bloße Kommunikation mit einigen Hürden verbunden, denn das Portal möchte ebenfalls mitverdienen. So habe ich einfach eine Buchungsanfrage für einen fiktiven Zeitraum geschickt und darin unser Anliegen erklärt. Die Hauseigentümerin Olivia hat prompt geantwortet und Interesse signalisiert. Da das Portal jedoch aus jeglicher Kommunikation automatisch alles herauslöscht, was eine Internetadresse, eine E-Mailadresse oder auch eine Telefonnummer zur direkten Kontaktaufnahme sein könnte, mussten wir sehr verklausuliert schreiben und haben dabei einigen Einfallsreichtum bewiesen. Schließlich habe ich dank eines versteckten Hinweises von Olivia die E-Mailadresse von ihrem Mann Jack im Netz gefunden. Jetzt konnte es endlich konkret und zielgerichtet weitergehen. Nach einigen E-Mails hin und her haben wir uns zu einem Bewerbungsinterview per Skype verabredet. Wir saßen in Calpe und haben uns mit Olivia, der Amerikanerin und Jack, dem Waliser, die nun gemeinsam auf Langkawi leben, eine gute halbe Stunde unterhalten. Es war ein sehr interessantes Gespräch, doch ein bisschen mulmig war uns schon. Denn der anvisierte Zeitraum lag im März und das Housesitting sollte etwas mehr als drei Monate dauern. Der Beginn im März wäre ziemlich sportlich für uns gewesen, da wir bis Februar in Calpe bleiben wollten. So wäre uns nur wenig Zeit geblieben, um eine weitere Abwesenheit von mehr als drei Monaten zu regeln. Außerdem hätten wir für unseren Aufenthalt auf Langkawi einen Visa Run benötigt. In Malaysia bekommt man als Deutscher automatisch eine Aufenthaltsgenehmigung für 90 Tage. Die Reisepläne der beiden gingen aber über diesen Zeitraum hinaus, also hätte eine Verlängerung hergemusst. Der einfachste Weg dazu ist ein Visa Run, d. h. man verlässt das Land auf dem kürzesten Weg, reist dann einen Tag später wieder ein und hat so erneut 90 Tage zur Verfügung. Von Langkawi aus bietet sich Thailand an, das mit einigen Inseln sogar in Sichtweite liegt. Da auch ein Hund zu betreuen war, musste das gut geplant sein. Mit Olivia und Jack hatten wir also die sinnvollsten Szenarien durchgespielt, wie das am besten zu lösen wäre. Weil wir den Housesitter-Job unbedingt haben wollten, waren wir bereit, diese Hürden zu nehmen. Mit einem guten Gefühl und großer Vorfreude verabschiedeten wir uns nach dem Gespräch von den beiden. Entsprechend aufgeregt konnten wir es kaum erwarten, eine Antwort zu bekommen, ob wir uns gegen die anderen Mitbewerber durchgesetzt haben. Natürlich ist in der Wartezeit schon die Fantasie mit uns durchgegangen und wir haben uns den geplanten Aufenthalt in den schönsten Farben ausgemalt. Recht prompt kam dann auch die heiß ersehnte Antwort. Leider nicht zu unseren Gunsten. Unsere Träumereien endeten jäh mit einer unsanften Landung. Jack hatte sich jedoch die Mühe gemacht, uns ausführlich zu erklären, warum sie sich für ein anderes Pärchen entschieden hatten. Diese führen selbst ein Luxus-B&B und konnten darum mit mehr Erfahrung punkten. Wirklich schade! Jedoch betonte er, dass sie einen sehr positiven Eindruck von uns gewonnen hätten. Darum boten sie an, uns für das kommende Jahr ohne weiteres Auswahlverfahren direkt zu kontaktieren. Wenn es zeitlich passen würde, dann sollten wir den Zuschlag bekommen. Auch wenn wir noch ein wenig enttäuscht waren, dass es nicht sofort geklappt hat, haben wir dieses Angebot freudig angenommen. So gingen die Monate ins Land, aber Langkawi ging uns nicht aus dem Kopf. Wir hatten doch schon so schön geträumt...

Zwischenzeitlich waren wir ein weiteres Mal in unserem Winterdomizil in Calpe und haben gewartet, was passiert. Olivia hatte gesagt, dass der Housesit für das kommende Jahr etwas später starten sollte, daher haben wir den Kontakt nicht aktiv gesucht, denn wir wollten nicht lästig sein. Doch irgendwann siegte die Ungeduld und ich habe mich nach dem Stand der Dinge erkundigt. Da stellte sich heraus, dass sie uns bei der Vergabe für das kommende Jahr vergessen hatten und schon einen Deal mit anderen Bewerbern gemacht hatten. Vergessen! Schon wieder waren wir enttäuscht. So ein Mist. Hätten wir uns doch früher wieder in Erinnerung gebracht. Es half alles nichts, nun war es zu spät. Das schlechte Gewissen veranlasste Olivia dazu, uns für das darauffolgende Jahr direkt einen Deal anzubieten. Ralf und ich haben uns nur kurz angeguckt und dann beschlossen: ok, das machen wir. So haben wir eine feste Zusage gegeben, ohne zu wissen, für wann und für wie lange wir uns verpflichtet haben. Egal, wir wollen es einfach, es wird schon irgendwie klappen. Und wieder gingen die Monate ins Land, doch dieses Mal war ich schlauer und habe mich schon im November nochmal gemeldet, um uns wieder in Erinnerung zu bringen. Alles gut! Unser Deal stand noch, wir sollten für ca. zwei Monate kommen.

Von da an sind wir in losem Kontakt geblieben. Zum Jahreswechsel haben wir das „Go" von Olivia bekommen, dass wir so um den 1. Mai herum anreisen sollten. Neujahr haben wir dann bereits unseren Hinflug gebucht. Das war ein Jahresbeginn nach unserem Geschmack. Neues Jahr, Du kannst kommen! Das fühlte sich so gut an, wir konnten es noch gar nicht richtig glauben. Der erste Schritt zu unserer Housesitter-Premiere war nun endlich gemacht. Da das Flugticket für die Langstrecke so günstig war, haben wir uns direkt in die Premium Economy Class von Condor eingebucht, größere Beinfreiheit und erweiterter Service inklusive.

Dann haben wir uns ein bisschen früher als geplant von Calpe verabschiedet. Ralf musste zurück zur Arbeit und ich hatte noch eine Weiterbildung in der Pipeline. Der Alltag hatte uns also schnell wieder im Griff. Langkawi rückte langsam näher und irgendwann habe ich bei Olivia nochmal nachgefragt, wie es denn mit dem Rückflug so aussehen könnte, denn bisher hatten wir nur die Tickets für den Hinflug. Dabei stellte sich dann heraus, dass die ursprünglich genannten zwei Monate etwas „gedehnt" würden und wir doch länger als gedacht dableiben werden. Olivia und Jack werden erst am 10. Juli zurückkommen. Ok, die beiden sind halt immer für eine Überraschung gut.

Lektion 1: Als Housesitter muss man sehr flexibel sein! Wir mussten uns mit der neuen Erkenntnis ein wenig umorganisieren, das war aber relativ schnell erledigt. Glücklicherweise sind wir recht flexibel und hatten schnell einen Plan B aufgerufen. Jetzt konnten wir die Rückflüge buchen, ich habe nach günstigen Verbindungen gesucht und bin bei Singapore Airlines fündig geworden. Alles prima.

Unsere Abreise rückte nun näher, wir würden am 30. April in Malaysia ankommen, Olivia und Jack am 7. Mai ihre Reise antreten. Das wäre eine recht lange Zeit für ein Handover. So entstand die Idee eines Zwischenstopps in Kuala Lumpur. Wir haben nachgefragt, ob es ok ist, wenn wir erst am 3. Mai auf Langkawi eintrudeln, dann blieben immer noch vier Tage für die

Übergabe. Nachdem wir das Einverständnis hatten, haben wir gleich Nägel mit Köpfen gemacht. Den bereits gebuchten Inlandsflug für den 30. April haben wir verfallen lassen, es waren nur ca. 20 € pro Person, und direkt einen neuen für den 3. Mai gebucht. Dann haben wir uns mit einer Unterkunft in Kuala Lumpur beschäftigt.

Malaysias Hauptstadt Kuala Lumpur ist riesig, also am besten einen strategisch günstigen Ausgangspunkt suchen. Die Wahl fiel auf die nähere Umgebung von KL Sentral, denn vom Flughafen aus fährt ein Expresszug ohne Zwischenstopp dort hin. Das erschien uns eine gute Wahl, denn nach dem Langstreckenflug wollten wir nicht übermüdet und mit Reisegepäck wer weiß wie oft umsteigen und in diesem Moloch herumirren. Nach der üblichen Suchen-und-Vergleichen-Routine haben wir uns für ein Apartment an der Bangsar Station entschieden. Erledigt, Haken dran, jetzt hieß es, Alltag meistern, bis zum 29. April – dann begann unser Abenteuer!

Montag, 29.04.
Um 5 Uhr klingelt der Wecker. Wir sind abfahrbereit. Das Vorbereiten unserer Wohnung auf eine längere Abwesenheit ist inzwischen Routine.

Ein bisschen tricky wurde es allerdings beim Reisegepäck, weil wir eine stattliche Anzahl von Büchern mitschleppen wollen und es auf dem letzten Teilstück, also dem kurzen Inlandsflug von Kuala Lumpur nach Langkawi eine Gepäckbeschränkung auf 15 kg gibt. Ohne Bücher natürlich kein Ding, mit Lektüre wurde es allerdings knapp, da haben wir lieber mal die Kofferwaage befragt. Nach einer kurzen Umverteilung haben wir die richtige Balance gefunden, um unter den 15 kg pro Gepäckstück zu bleiben.

Wir warten schon draußen vor der Tür, als Regina um viertel vor sechs auf den Hof fährt. Sie ist unser Engel und gleichzeitig *unsere* Housesitterin. Regina ist heute noch ein bisschen früher aufgestanden, als sie es normalerweise schon tut, um eine

Extraschleife zum Düsseldorfer Flughafen zu drehen und uns dort abzuladen. DANKE SCHÖN!

Am Flughafen geht alles zügig, Regina muss zur Arbeit, wir gehen in die Abflughalle. Einchecken ist am Lufthansa-Schalter, keinerlei Warterei, gefühlte drei Minuten später haben wir unsere Bordkarten in der Hand und unser Gepäck verschwindet auf dem Gepäckband. Dann können wir frühstücken, bevor wir durch den Sicherheitscheck gehen. Gesagt, getan. Wir haben uns ein wenig Proviant mitgebracht, machen es uns gemütlich und genießen das letzte Körnerbrot für lange Zeit. Nachdem wir gut gesättigt sind, leeren wir noch unsere Trinkflaschen, damit wir am Sicherheitscheck keine Probleme bekommen. Das ist ja immer das gleiche Theater, seit es diese unsägliche Vorschrift gibt, keine Flüssigkeiten transportieren zu dürfen. Also passieren wir die Kontrolle mit leeren Flaschen und füllen diese anschließend wieder mit Trinkwasser auf, was für ein Unsinn.

Das Boarding verläuft unaufgeregt, wir finden unsere Plätze in Reihe 7 und sind zufrieden. Gute Wahl getroffen, die Beinfreiheit ist prima, die Ausstattung lässt auch nichts zu wünschen übrig. Wir sind froh, dass wir uns Neujahr dieses Schmankerl gebucht haben – Premium Economy zum Spottpreis. Irgendwann geht es dann tatsächlich los. Nun liegen „nur" noch 13 Stunden Flug vor uns, eine echte Herausforderung. Der Service ist prima und es gibt auch einen Piccolo zum Anstoßen auf unser Abenteuer gratis dazu.

Dienstag, 30.04.
Selamat Datang – Willkommen in Malaysia! Nach einem fast 13-stündigen Flug kommen wir morgens gegen halb acht Ortszeit auf dem riesigen Kuala Lumpur International Airport (KLIA) an. Die Premium Economy Class war wirklich eine gute Wahl, der vergrößerte Sitzabstand hat den langen Flug doch deutlich erträglicher gemacht. Zudem gab es noch den einen oder anderen Piccolo, Zeitschriften, einen Snack zur Halbzeit und ein praktisches Kühltäschchen, gefüllt mit Kopfhörern, Socken,

Zahnbürste und Augenmaske. Trotzdem sind wir ganz schön gerädert, als wir den Flieger endlich verlassen. Jetzt steht es endgültig fest: Wir sind nicht mehr die Jüngsten. Zunächst müssen wir durch die Immigration. Hier gibt es einen kurzen Smalltalk mit meinem Immigration Officer, warum ich denn so lange Urlaub machen will, doch dann findet der Stempel seinen Weg in meinen Pass und weiter geht's. Nun müssen wir noch unser Gepäck einsammeln. Wir folgen den Schildern durch das Flughafengebäude und staunen nicht schlecht. Denn nachdem wir gefühlt schon einen Kilometer gelaufen sind, müssen wir in eine Bahn steigen, die uns in ein weit entferntes Gebäude fährt. Dort finden wir tatsächlich die Gepäckbänder vor und unsere Taschen sind zum Glück auch dabei.

Jetzt haben wir viel Zeit, denn in unsere Unterkunft können wir erst ab 13 Uhr einziehen und selbst das habe ich schon nachverhandelt, eigentlich ist Check-In frühestens ab 15 Uhr möglich. Also besorgen wir uns erstmal in aller Ruhe Geld. Glücklicherweise finde ich einen Geldautomaten, der unsere Kreditkarte akzeptiert. Das ist in Malaysia keineswegs so selbstverständlich. Die ATM's sind bei weitem nicht alle auf internationale Kreditkarten eingestellt und das kann durchaus zum Ärgernis werden, wenn man Bargeld braucht. Egal, das hat schon mal prima geklappt.

Dann können wir uns ein Ticket für den KLIA Ekspres besorgen. Das ist ein angenehmer, klimatisierter Zug, der vom Flughafen ohne Zwischenstopp direkt zu KL Sentral fährt. Das hat natürlich seinen Preis, ist uns im Moment aber egal, denn wir sind müde. Nach einer kurzen Suche finden wir einen Ticketschalter, an dem man mit Bargeld zahlen kann. Tickets gekauft und los geht's. Die Fahrt dauert eine gute halbe Stunde und wir haben Mühe, nicht einzuschlafen.

Am KL Sentral angekommen, müssen wir uns erstmal orientieren. Es gibt unzählige verschiedene Bahnen in Kuala Lumpur und entsprechend groß ist das Gewirr. Gleichzeitig herrscht die hektische Betriebsamkeit einer asiatischen Großstadt. Wir suchen ein halbwegs ruhiges Plätzchen. Gesagt, getan. Ralf bewacht unser Gepäck und ich gehe los. Nachdem ich die richtige Bahn identifiziert und herausgefunden habe, wie man an ein Ticket kommt, kümmere ich mich zunächst ums Frühstück. Das wird, ganz nach guter alter asiatischer Art eine heiße Nudelsuppe. Man kann hier in jedem kleinen Kiosk Instantsuppen kaufen und es gibt auch direkt heißes Wasser für die Zubereitung dazu, toller Service. So bekommen wir am Morgen etwas Warmes in den Bauch, das tut richtig gut.

Gestärkt machen wir uns an die Weiterreise. Wir kaufen unsere Bahntickets am Automaten und fahren eine Station mit der roten Linie bis Bangsar.

Unser Apartmenthaus ist über eine Brücke direkt mit der Bahnstation verbunden, sehr praktisch. Obwohl wir reichlich getrödelt haben, sind wir immer noch zu früh an der Unterkunft angekommen. Es ist ein merkwürdiges Gebäude. In den oberen Stockwerken befindet sich ein 5-Sterne Hotel, in den darunter liegenden Etagen werden Apartments von verschiedenen Eigentümern vermietet und die Schlüssel werden durch die Hausmeisterrezeption ausgegeben.

Nach einer erfolgreichen Verhandlung dürfen wir in der Lobby warten, obwohl das mit Gepäck eigentlich nicht vorgesehen ist. Die sechs Stunden Zeitunterschied zu Deutschland fordern ihren Tribut. Wir schlafen direkt ein und werden bald ermahnt, weil ich mich in dem stilvollen Ambiente hingelegt habe.

Schließlich bekommen wir den Schlüssel doch vorzeitig und sind schon vor 13 Uhr in dem von uns gemieteten Apartment. Es ist sauber, eher einfach, aber brauchbar. Immer noch hundemüde, schlafen wir erstmal weiter.

Nach einer Weile wachen wir auf und beschließen, ins lebhafte und farbenfrohe Nachbarviertel Little India rüber zu gehen. Dort flanieren wir umher, kaufen ein paar Lebensmittel und machen uns bald wieder auf den Weg nach Hause, denn der Jetlag hängt uns noch in den Knochen und darum wollen wir doch noch ein wenig weiterschlafen.

Mittwoch, 01.05.

Die erste Nacht ist gewöhnungsbedürftig, das Bett ist halb in die zweite Ebene gebaut und das Fehlen eines Geländers ermöglicht einen ungewollten 3-Meter-Sturz in die Tiefe. Noch dazu ist die Deckenhöhe in der oberen Ebene nicht ausreichend, um gerade stehen zu können. Aber was soll's, wir sind nicht heruntergestürzt, haben gut geschlafen und den Jetlag auch schon ein bisschen vertrieben. Den Start in den Tag genießen wir typisch asiatisch mit einer Nudelsuppe Tom Yum. Schmeckt gut und macht satt.

Dann müssen wir natürlich noch auf Ralfs Geburtstag anstoßen, was mit einem „plötzlich" aufgetauchten Piccolo standesgemäß zelebriert werden soll. Allerdings gibt es in dem ansonsten gut ausgestatteten Apartment nicht ein einziges Glas, also müssen Tassen herhalten. Ein dezenter Verstoß gegen die Etikette, es schmeckt aber trotzdem. So gestärkt machen wir uns zu Fuß auf den Weg zu KL Sentral. Üblicherweise verzichten wir auf Navigations-Apps, stattdessen schauen wir uns den Weg vorher auf der Karte an, da sind wir ein bisschen Old School. Das klappt auch diesmal. In Kuala Lumpur gibt es verschiedene kostenlose

Buslinien mit Haltestellen an interessanten Punkten, die auf definierten Routen durch die Stadt fahren. Ideal also für Touristen, wie uns die Dame in der Touristen-Info erzählt hat. Wir haben heute die rote Linie ausgewählt, allerdings braucht es etwas Zeit, bis wir in dem riesigen Komplex KL Sentral die richtige Haltestelle gefunden haben. Nach wenigen Minuten Wartezeit kommt der Bus und wir steigen ein. Als Großstadtmuffel, die wir nun mal sind, stehen wir nicht auf riesige Shoppingmalls oder Gebäude, die allein durch ihre Größe populär sind. Wir bevorzugen die grünen Ecken und suchen uns lieber öffentliche Plätze mit Straßenmusikanten, Bauwerke mit kolonialem Charakter oder einen versteckten chinesischen Friedhof. So steigen wir also an der Nationalmoschee aus, schauen uns den Sakralbau von außen an und gehen Richtung Orchideen- und Hibiskusgarten. Den Vogelpark ignorieren wir, eingesperrte Vögel anzustarren ist nicht so unser Ding, aber es ist doch immer wieder schön, inmitten eines Millionenmolochs die grünen Flecken zu entdecken. Da die Gärten auf einem Hügel liegen, ist das Ganze noch ein wenig schweißtreibender als es bei der hohen Luftfeuchtigkeit und den hochsommerlichen Temperaturen sowieso schon ist. Wir drehen eine große Runde durch die tropische Vegetation, entdecken unbekannte exotische Pflanzen und genießen die Ruhe mit Blick auf die quirlige Großstadt. Zurück an der Nationalmoschee setzen wir uns in den nächsten Bus. Unterwegs ignoriert der Busfahrer jedoch unseren Stoppwunsch und fährt einfach weiter. Dann steigen wir eben an der nächsten Station aus, die dem Busfahrer zum Halten genehm ist. Nun stellt sich heraus, dass unser kunstvoll gestalteter Stadtplan einige Straßen unterschlagen hat und zudem nicht maßstabsgetreu ist. Wir wissen also nur ungefähr, wo wir gerade sind. Das Warten auf einen weiteren Bus an einer vielbefahrenen Straße in der prallen Sonne und dem wegen der Umleitung geänderten Fahrplan gerät zur Geduldsprobe, die wir letztendlich verlieren. Wir machen uns zu Fuß auf den Weg, wählen dabei – die Orientierung funktioniert also noch – die richtige Richtung und erreichen nach kurzem Spaziergang den belebten Merdeka Square mit seinen vielen kleinen, interessanten Läden. In einem Bazar essen wir zu Mittag, sehr lecker, dank der bestellten Extraportion Chillies schön scharf und auch noch günstig. Dann kraxeln wir ein bisschen durch China Town, bevor wir uns rechtschaffen müde in die Bahn hocken und zurück nach Hause fahren. Der Jetlag macht uns doch noch ein wenig zu schaffen. Nach einer erholsamen Pause am Pool im 9. Stock unserer Unterkunft erkunden wir Little India. Zurück in unserem Apartment haben wir dann einige Kilometer auf der Uhr und fallen entsprechend müde ins Bett.

Donnerstag, 02.05.
Heute folgt Teil 2 unseres Großstadtprogramms. Unverbesserlich wie wir sind, haben wir uns weitere grüne Ecken ausgesucht. Dazu fahren wir mit der Bahn Richtung Menara Kuala Lumpur, dem mit 421 Metern höchsten Fernsehturm Malaysias und dem siebthöchsten der Welt. Doch natürlich wollen wir nicht rauf, sondern das umliegende Gelände erkunden. Der Turm steht auf einem 90 Meter hohen Hügel. Wir kraxeln erstmal hoch zum Fuß des Turms, gliedern uns aber nicht in die Warteschlange ein, um zur Aussichtsplattform hochzufahren, sondern begeben uns in den umliegenden Park am Hügelhang. Hier gibt's einen Hängebrücken-Trail durch die Dschungelvegetation mit Tierbeobachtungsmöglichkeit. Da ich seit Chichen Itza (das ist eine andere Geschichte…) nicht mehr schwindelfrei bin, sind die Hängebrücken für mich durchaus eine Herausforderung. Hochkonzentriert und mit Pudding in den Knien schaffe ich sie aber alle sieben!
Nach diesem Ausflug in die Natur gehen wir wieder zurück zum Merdeka Square und fahren von da aus mit der Bahn zurück. Genug gelaufen für heute und auch genug Millionenmetropole für uns… Es wird Zeit, dass wir in eine beschaulichere Umgebung kommen.

Freitag, 03.05.

Nun ist schon wieder Packen angesagt. Gegen 10 Uhr checken wir aus und nehmen die rote Bahnlinie bis KL Sentral. Der KLIA Ekspres bietet einen besonderen Service, wir können hier direkt unser Fluggepäck einchecken und dann mit unserem Boardingpass in den KLIA Ekspres Zug zum Flughafen einsteigen. Das ist ein Topservice und sehr bequem, so was haben wir in Deutschland noch nicht gesehen!

Der kurze Flug nach Langkawi ist ok, keine besonderen Vorkommnisse. Außer vielleicht, dass ein paar malaysische Wochenendtouristen in den Reihen neben uns ein erstaunlich ausuferndes Picknick mit gekochten Speisen aller Art veranstalten. Herrlich dekadent, da passt die Floskel wieder: Andere Länder, andere Sitten. Jetzt aber, mit jedem Schritt raus aus dem Flieger steigt die Spannung auf das, was auf uns zukommt.

Ankunft Langkawi: Wir werden erwartet – Olivia und Jack stehen in der Ankunftshalle und wir erkennen sie gleich, obwohl wir sie nur einmal per Skype vor über zwei Jahren gesehen haben. Sie tragen recht verschlissene Klamotten, das typische Outfit von Auswanderern, die schon seit einer Weile irgendwo „angekommen" sind.

Die Begrüßung ist kurz aber herzlich, dann geht es schon los. Sie bombardieren uns direkt mit Informationen, und zwar wirklich ohne Punkt und Komma. Beide sind hektisch und ein wenig chaotisch, aber wirklich liebenswert. Was für ein Glück, dass wir schon etwas Jetlag „rausgeschlafen" haben und nicht direkt nach der Langstrecke todmüde hier angekommen sind und diesem Feuerwerk an Informationen ausgesetzt wurden.

Vom Flughafen aus fahren wir direkt in den Ort Matsirat und an diversen Läden vorbei, die wir uns alle merken sollen. Das gestaltet sich natürlich etwas schwierig, weil gleichzeitig weitere Informationen wie Maschinengewehrsalven von zwei Seiten auf uns einprasseln. Doch wir geben unser Bestes und hoffen, dass wenigstens die eine oder andere Information hängen bleibt und wir irgendeins der genannten Geschäfte später wiederfinden werden. Da der bevorzugte Supermarkt der beiden heute geschlossen hat – es ist Freitag, also islamischer Sonntag – wählen sie einen anderen Laden aus. Auch das Einkaufen ist etwas chaotisch. Ich frage mal vorsichtig, ob wir uns auch etwas zu Essen kaufen sollen oder wie wir das handhaben wollen. Daraufhin erklärt mir Jack, dass sie sich um uns kümmern werden, solange sie noch da sind. Ok, dann lassen wir das mal so stehen. Während des Einkaufs versucht Jack mir die einheimischen Produkte näher zu bringen. Olivia läuft dagegen relativ unorganisiert durch den Laden und weiß anscheinend nicht wirklich, was sie braucht. Wir werden mit Infos zugestopft, wo man am besten welche Cerealien und weiteres Gesundfutter kaufen kann. Das ist nicht gerade unser präferiertes Essen, aber wir hören tapfer zu. Wir werden schon nicht verhungern und uns in den nächsten Tagen das kaufen, was wir lieber mögen, kein Problem.

Dann fahren wir zu ihrem weitläufigen Anwesen nach Ayer Hangat, das unser Zuhause für die nächsten zweieinhalb Monate sein wird. Jetzt wird es spannend, denn gleich werden wir erstmals auf HobNob treffen. Wird er uns akzeptieren und mit uns herumtollen wollen oder wird er uns als Eindringlinge einstufen und uns elf Wochen lang anbellen?

Das hölzerne Einfahrtstor lässt erahnen, wie Material mordend das Klima hier ist. Es war sicher einmal imposant, doch die Farbe ist verblasst und das Holz an einigen Stellen bereits verrottet. Nichtsdestotrotz öffnet es sich automatisch per Fernbedienung und wir können „vorfahren". Am Haupthaus wartet HobNob und guckt interessiert, wen Olivia und Jack mitgebracht haben. Zur Verwunderung der beiden ohne zu bellen. Stattdessen flitzt er schwanzwedelnd zwischen uns Vieren hin und her und will sich knuddeln lassen.

Jetzt steht einem gelungenen Housesit eigentlich nichts mehr im Weg. Wir sind erleichtert und froh, dass der Erstkontakt so positiv verläuft. Es ist so etwas wie Liebe auf den ersten Blick. Wie ungewöhnlich das ist, werden wir in den nächsten Wochen noch merken, denn eigentlich zeigt er immer erstmal, wer hier der Herr im Haus ist, wenn jemand Fremdes kommt.

Dann packen wir die Einkäufe aus und holen unsere Klamotten aus dem Auto. Wir bekommen unser Zimmer im Erdgeschoss am Pool und können uns dort ein bisschen wohnlich einrichten. Zu Essen gibt es leider nichts. Es ist mittlerweile Nachmittag und wir hatten nur ein sehr spartanisches Frühstück. Ok, dann halten wir erstmal Diät und hoffen, dass es wenigstens später noch etwas gibt. Stattdessen geht es gleich weiter mit den notwendigen Infos, Tipps und Instruktionen. Die Informationsflut ist so gewaltig, dass wir vorschlagen, stichpunktartig mitzuschreiben. Wir ernten Zustimmung, kommen aber nicht dazu, da die beiden weiter ohne Punkt und Komma reden, und uns durchs Haus und über das Gelände jagen. So ein Spaß, das kann ja heiter werden.

Am späten Nachmittag packen wir HobNob für seinen Abendspaziergang ins Auto. Dazu fahren wir ein Stück und dann geht es zu Fuß in die Botanik. Wir sind mal wieder Multitasking, sollen uns merken, wo wir hingefahren sind, wo der Einstieg für den Weg ist, aufpassen, dass HobNob keine Affen jagt, zeitgleich natürlich weitere Arbeitshinweise verinnerlichen, und schließlich die markanten Punkte wahrnehmen, um den Weg zurück aus dem Wald nicht zu verfehlen...

Auf dem Rückweg halten wir am Friday Night Market mit seinem breit gefächerten Angebot. Da wollen wir noch Leckereien für das Abendessen kaufen. Erwartungsgemäß ist es eine hektische Aktion. HobNob bleibt im Auto und wir haben Mühe, Olivia zu folgen. Sie hat ihre ganz eigene Auswahl an Esswaren, da sie als Vegetarierin nur an bestimmten Snacks interessiert ist. Olivia rennt vor, Jack versucht Schritt zu halten und uns gleichzeitig noch die einheimischen Speiseangebote zu erläutern. Das erfordert eine Menge Konzentration, denn natürlich wimmelt es auf dem Markt nur so vor Menschen und es ist ein ziemliches Gedrängel. Wir haben Hunger und würden natürlich gerne am liebsten den ganzen Markt leer kaufen, doch unsere beiden

Gastgeber wissen am besten, was gut für uns ist und kaufen dementsprechend ein. Abrupt entscheiden sie, dass wir genügend Essen gekauft haben und es geht ab nach Hause. Hungrig, wie wir sind, freuen wir uns schon auf die kulinarischen Genüsse und futtern uns dann durch das komplette Essensangebot. Das amerikanisch-walisische Paar punktet erwartungsgemäß nicht gerade mit Esskultur, Schnelligkeit geht vor Genuss. Es wird also nicht sonderlich gemütlich, aber zumindest haben wir den Hunger vertrieben und Jack spendiert noch ein Glas Wein. Unser erster Tag in Ayer Hangat geht dem Ende zu und wir fallen hundemüde ins Bett. Im Kopf kreisen noch all die Informationen, wir möchten natürlich nichts vergessen, denn wir sind hier schließlich angetreten, um einen guten Job zu machen.

Samstag, 04.05.
Ich bin früh wach, die erste Nacht ist um, und trotz 26 Grad Zimmertemperatur haben wir durchgeschlafen. Ich mache uns erstmal eine Tasse Tee, dann rührt sich auch in der oberen Etage bei Olivia und Jack langsam etwas.
HobNob hat uns offensichtlich adoptiert, fordert seinen Morgenspaziergang am Strand ein, und zu fünft geht's los. Ohne Leine, dafür mit Ball bewaffnet machen wir uns auf den Weg. Vom Grundstück aus führt ein kurzer Weg direkt zum Strand runter, links geht's über eine flache Flussmündung zum Black Sand Beach, rechts nach Tanjung Rhu. HobNob entscheidet sich für rechts, rennt vor und erwartet den Ball, damit er ihm nachrennen und ihn schnappen kann. Geil! Ein allmorgendlicher Pflichttermin, der allen gleichviel Spaß macht, wir fühlen uns privilegiert. Nach einem Kilometer Ballwerfen und Nachjagen beginnt der Privatstrand des Four Seasons 5-Sterne-Resorts, den darf man zwar an der Wasserkante entlang betreten, ist jedoch mit Hund nicht erwünscht. Also drehen wir um und bewegen uns im gleichen Rufen-Werfen-Schnappen-Rhythmus wieder nach Hause.

Dann wird HobNob zunächst einmal von Salzwasser und Sand befreit, einmal abspülen und trocken rubbeln. Olivia und Jack verziehen sich nach oben zu ihrer morgendlichen Yoga-Session, bevor es Frühstück gibt. Das fällt sehr gesund aus, frisches Obst und Müsli. Ok, dann gibt es heute mal nur Obst zum Frühstück, denn aufs Müsli kann ich gut verzichten.

So gestärkt geht es dann an die Arbeit. Wir werden in die Gartenarbeit und das Kompostieren eingewiesen. Der Garten macht einen vernachlässigten Eindruck, als wäre da länger nicht gründlich gearbeitet worden. Allerdings ist das schwer zu beurteilen, da die Natur mit Sturm und Regen schnell ein wenig Unordnung schaffen kann. Ralf verbringt viel Zeit mit Jack, um die Technik für den Pool erklärt zu bekommen. Das gestaltet sich jedoch schwierig, mal sind sie im Überlaufbecken, mal im Pumpenraum, mal geht es um den Sauger, dann um den Backwash, mal um irgendwelche Ventile und es ist mal wieder keine Zeit, alles aufzuschreiben... Aber wir werden das Kind schon schaukeln. Fragt sich nur wie.

Dann ist Zeit für eine Mittagspause. Olivia und Jack gehen in die obere Etage und schon bald läuft der Fernseher in voller Lautstärke, den Geräuschen nach irgendein Actionfilm, jeder hat halt so seine Vorlieben!

Es folgt noch ein wenig Gartenarbeit und später dann der Abendspaziergang mit HobNob. Dieses Mal gehen wir zu Fuß los und durchstreifen die Reisfelder. Auch schön.

Heute Abend gehen wir essen, d. h. wir fahren die paar hundert Meter mit dem Auto zum Hornsea Fish and Chips Restaurant. Das liegt sehr schön direkt am Strand und bietet angeblich bemerkenswert gutes Essen. Wir vertrauen ihrer Empfehlung und bestellen das gleiche wie Olivia und Jack. Ein Fischgericht, welches wir uns teilen. So hält man sich schlank. Da die beiden aufgrund ihrer Herkunft einer gepflegten Esskultur nur wenig Bedeutung beimessen, geht es hier primär ums profane satt werden. Den populären Brauch, ein leckeres Dinner mit einem anregenden Tröpfchen abzurunden, haben sie auch nicht verinnerlicht. Immerhin gibt es für Jack und Ralf ein Bier. Wir Damen brauchen nichts zu trinken. Schade, es hätte ein echtes Dinner-Erlebnis werden können. Egal, der Fisch schmeckt wirklich gut. Und zuhause gibt es dann doch noch ein Glas Wein vor dem Schlafengehen und für Olivia und Jack den unvermeidlichen Actionfilm.

Ralfs Randnotiz:
Zum besseren Verständnis kommen an dieser Stelle erstmal ein paar geografische Fakten: Langkawi bezeichnet sowohl eine malaysische Gruppe von 99 Kalksteininseln als auch deren Hauptinsel Pulau Langkawi, die etwa 30 km lang und 25 km breit ist und auf der wir uns befinden. Die Lage der Inselgruppe im nördlichen Bereich der Straße von Malakka erlaubt es, bis zur thailändischen Insel Ko Tarutao zu schauen. Das Klima ist ganzjährig feuchtheiß und die Temperaturen in unserem Dorf Ayer Hangat steigen tagsüber immer über 30 Grad und sinken nachts nie unter 26 Grad.

Sonntag, 05.05.
Heute Morgen gehen wir mit HobNob wieder zum Strand. Dieses Mal laufen auch Ralf und ich ohne Flipflops los, also barfuß, so schnell kann man sich den Sitten anpassen.
Die übliche Morgenroutine läuft wie folgt: HobNob bekommt sein Futter erst, wenn wir mit dem Frühstück fertig sind. Er ist so gut erzogen, dass er sich dazu auf den Boden legt und auf das Kommando wartet, bevor er dann mit Appetit loslegt. Das klappt tatsächlich einwandfrei, guter Hund!
Zum Brunch haben die beiden einige ihrer Hashfreunde eingeladen. Was es so genau mit den Hash House Harriers auf sich hat, haben wir nicht herausbekommen. Es ist very british, eine Art Lauf-, Sozial- und Trinkclub und erschließt sich uns nur rudimentär. Egal, so lernen wir ein paar neue Menschen aus dem Clubumfeld von Olivia und Jack kennen. Die Gäste sind Perly (Malay-Chinesin) mit Francois (Schweizer) und Selam

(Eritreerin) mit Karsten (Deutscher), zusammen mit unseren Gastgebern Olivia (Amerikanerin) und Jack (Waliser) doch eine sehr bunte Nationalitätenmischung. Der Brunch verläuft feucht-fröhlich. Das kulinarische Angebot besteht aus Räucherlachs, Käse und Croissants, was zügig vertilgt wird. Dann ist noch kollektives Baden im Pool angesagt, natürlich mit Drink in der Hand. Ein wunderbares Urlaubsgefühl stellt sich ein. Insgesamt sind es angenehme Leute, die erfrischend auftreten und nicht so durchgeknallt sind, wie manch andere Expats, die man auf der Welt trifft.

Am frühen Nachmittag verabschieden sich die Gäste wieder und wir machen eine kurze Siesta. Dann geht es weiter mit Infos über den Choke des Laubbläsers, die Chlor-Konzentration im Pool, Adressen von Autowerkstätten und natürlich Gartenarbeit. Die müssen wir am späten Nachmittag aber abrupt unterbrechen, da uns ein Tropensturm heimsucht. Ein „Sumatra", wie Jack uns erklärt, da der Sturm aus der Richtung der gleichnamigen indonesischen Insel kommt. Aha.

Montag, 06.05.
Wir fahren in die Inselhauptstadt Kuah, um so einiges zu erledigen. Auf dem Weg dorthin zeigen uns die beiden, in welcher unscheinbaren Lagerhalle sich ihr Weinhändler ver-steckt. Das ist wirklich skurril: Da sitzt ein Chinese in einer riesigen Halle an einem winzigen Tisch vor einem Computer und tut beschäftigt. Die Halle ist in kleinere Räume unterteilt, dort lagern kistenweise internationale Weine, natürlich ohne jegliche Preisauszeichnung. Hier suchen sich Olivia und Jack ein paar Flaschen aus, bringen diese zu dem Chinesen und erhalten eine Rechnung. Die Preise sind gemäß der beiden extrem günstig. Woher sie diese Überzeugung nehmen, entzieht sich unserer Kenntnis. Ein Vergleich ist ja nicht möglich. Nichtsdesto-trotz ein echt spaßiges Intermezzo, da sie sehr stolz darauf sind, diesen Großhändler im Nirgendwo aufgespürt zu haben. Dann bekommen wir noch im Schnelldurchlauf gezeigt, wo wir den

Tierarzt finden, Chlor für den Swimmingpool kaufen können und, und, und. Mal sehen, woran wir uns bei Bedarf noch so erinnern.

Nun nehmen Olivia und Jack einen Arzttermin wahr, es hat was mit ihrer bevorstehenden Reise zu tun. Wir warten so lange draußen und nutzen die Zeit, ein wenig herumzuspazieren. Schneller als erwartet sind sie wieder da und es geht weiter zur Jetty. Da werden wir mit dem Treffpunkt für die Gäste, die mit der Fähre ankommen, vertraut gemacht. Dann entern wir den Billion-Supermarkt, den wir schon von unserem ersten Aufenthalt auf Langkawi kennen, wir bewegen uns also auf vertrautem Terrain. Hier versorgen wir uns mit all den Leckereien, die es üblicherweise nicht auf die Einkaufsliste der beiden schaffen. Danach halten wir noch bei einem Werkzeugladen, wo wir erfreulicherweise mit Lederhandschuhen für die Gartenarbeit ausgestattet werden. Das ist sinnvoll, denn in tropischen Gärten lauern überall stachelige Pflanzen, scharfkantige Blätter, stechwütige Insekten, fiese Ameisen und Reptilien. Leider hat Olivia nicht richtig hingeguckt, ich habe zwei linke Handschuhe bekommen...

Nachdem wir noch einen weiteren Supermarkt angesteuert haben, gibt es gegenüber in einem indischen Büffetrestaurant Mittagessen. Die Abrechnungsmethode hat uns keiner erklärt, stattdessen ernten wir verhaltene Kritik, weil wir uns so „teure" Gerichte ausgesucht haben.

Also, es funktioniert wie folgt: Man bekommt einen Teller oder ein Bananenblatt, da lädt man die ausgesuchten Speisen drauf. Dann kommt jemand vom Personal an den Tisch, guckt sich den jeweiligen Teller an, rechnet im Kopf irgendetwas zusammen und bestimmt den Preis für die Portion. Das ist entweder sehr, sehr günstig oder nur günstig. Getränke sind auch hier wieder Fehlanzeige, Hauptsache der Hunger wird irgendwie gestillt. Daran müssen wir uns erst gewöhnen. Hektisch schlingen sie ihre Portionen runter, wir hinken deutlich hinterher. Heute ist übrigens Feiertag, denn morgen geht Ramadan los. Wir sind gespannt, welche Auswirkungen das im Alltag haben wird. Abends stürmt es heftiger als gestern, Stichwort Sumatra. Das ist prima, denn so bekommen wir einen guten Eindruck davon, was es heißt in einem offenen Haus zu wohnen. Wir verrammeln gemeinsam mit Jack die oberen Terrassen. Dazu lassen wir die Bambusrollos herunter, die mit mehr oder weniger zerfetzten Planen verstärkt sind, verzurren diese und sind gespannt, ob das wirklich den Naturgewalten standhalten wird. Mit dem Sturm kommt auch eine ordentliche Menge Regen herunter. Wir verkrümeln uns in unser Zimmer und lesen noch ein bisschen. Die Nacht wird recht unruhig, der Sturm wütet, hinterlässt jedoch keine größeren Schäden. Wir denken, nun sind wir für zukünftige Sumatras gewappnet. Aber da wissen wir noch nicht, was uns in Sachen Sturm noch so erwarten wird.

Dienstag, 07.05.
Die Fastenzeit hat begonnen, der Muezzin lässt es uns schon Stunden vor dem Sonnenaufgang wissen. Er predigt ab sofort regelmäßig in epischer Länge und imposanter Lautstärke. Wir werden uns dran gewöhnen müssen, es bleibt uns letztlich keine Wahl. Die paar Wochen werden wir schon rumkriegen.
Der Garten sieht nach dem Sturm ordentlich „mitgenommen" aus, d. h. wir haben alle Hände voll zu tun, die abgerissenen Palmwedel, Äste, Kokosnüsse etc. einzusammeln. Drei erledigen das mit Handschuhen und ich ohne, denn ich habe ja leider nur zwei linke bekommen.
Angenehmeres Thema: Die Morgenroutine läuft schon beinahe automatisch. HobNob macht sich bemerkbar, er will ans Meer. Wir drehen die Runde, sammeln am Strand noch etwas Müll, was einem Kampf gegen Windmühlen gleicht, kehren zurück, entsanden HobNob und frühstücken. Die Zeit wird nun langsam knapp. Heute Abend ist es so weit, die beiden reisen ab und dann müssen wir alleine klarkommen. Bis dahin müssen wir alle Infos notiert und alle Tipps aufgesaugt haben, um die schöne Ferienanlage am Laufen halten zu können. Vormittags kommen

Sri und Thomas (sie ist Chinesin, er ist Schweizer) vorbei, es sind noch Geschäfte zu erledigen. Die Vier gehen mittags essen, wir bleiben zuhause und üben schon mal Housesitting. Den ganzen Nachmittag über erhalten wir immer noch weitere Informationen. Jack blüht in seiner Rolle als Housesitter-Ausbilder so richtig auf und springt lässig von einem Thema zum nächsten. Wir sollen uns merken, wo man die gesündesten Geflügelwürstchen für HobNob kauft, was das optimale Mischungsverhältnis des Rasenmäherbenzins ist und wie man die Machete schärft. Alles ist wichtig! Wir versuchen uns zumindest die sinnvollen Tipps einzuprägen, denn wir erwarten ja in wenigen Tagen bereits die ersten Urlaubsgäste. Olivia und Jack packen ihre Sachen langsam zusammen und werden dann immer hektischer. Das Chaos nimmt seinen Lauf, in den letzten Minuten gibt es plötzlich noch viel zu erklären und die beiden erweisen sich als erstaunlich unorganisiert. HobNob spürt, dass etwas nicht stimmt. Er denkt, dass wir abreisen statt Olivia und Jack und kommt fiepend zu mir. Das ist irgendwie irreal, es gibt nach so kurzer Zeit schon eine tolle Verbindung zu ihm.

Die SIM-Karte von Jacks Handy bekomme ich natürlich erst zwei Minuten vor der Abfahrt, was dazu führt, dass die Hektik neue Rekordwerte erreicht. Das SIM-Kartenfach in meinem Handy ist für eine andere SIM-Kartengröße ausgelegt und Jacks Karte passt nicht in den Adapter. Olivia, stets praktisch veranlagt, bearbeitet sie mit einer Nagelfeile, um sie anzupassen. Als das endlich geschafft ist, können wir los. Jack fährt, wie immer, recht rasant. Trotz der Zeitknappheit lässt er es sich aber nicht nehmen, noch schnell an dem Supermarkt in Matsirat vorbei-zufahren, der bei unserer Ankunft geschlossen hatte. Er will uns unbedingt noch durch den Laden führen und uns zeigen, wie man das versteckte Weinlager erreicht. Das ist in der Tat sehr spaßig und wir hätten es wahrscheinlich alleine nicht gefunden. Es ist ein ganz normaler chinesisch geführter Supermarkt. Im Laden gibt es eine Lamellentür, die ins Warenlager führt. Schon da würde ein anständiger Kunde nicht durchgehen. Betritt man dieses Lager dann aber doch, findet man nach ein paar Metern eine geschlossene Holztür ohne Beschilderung. Wenn man diese Tür auch noch öffnet, landet man in einem klimatisierten Raum mit einer beachtlichen Wein- und Spirituosenauswahl. So ein Spaß! Das war jetzt mal wirklich ein hilfreicher Tipp. Nach diesem Abstecher versucht Jack, die verlorene Zeit wieder aufzuholen und ich bin froh, als wir dann endlich am Flughafen angekommen sind. Wir verabschieden uns von den beiden und wünschen ihnen einen angenehmen Flug und eine tolle Zeit.

Urplötzlich kehrt Ruhe ein. Hektik und Chaos ade, nun können wir unseren eigenen Rhythmus aufnehmen. Wir fahren erstmal einkaufen und gehen natürlich auch ins „Hinterzimmer" des Supermarktes, um uns mit einem leckeren Tröpfchen zu versorgen.

Dann machen wir uns auf den Heimweg. Ralf kommt mit dem alten Automatik-Toyota im Linksverkehr gut klar. Wir finden den Weg nach Hause auf Anhieb, und HobNob springt uns freude-strahlend entgegen. Puuuhhh, HobNob hat uns adoptiert, da bin ich wirklich froh! Nun sind wir auf uns allein gestellt und das Abenteuer geht jetzt erst richtig los!

Ralfs Randnotiz:

In Malaysia herrscht Linksverkehr. Das bedeutet für uns, auf der „falschen" Seite ins Auto einsteigen und mit links schalten. Der Blinker ist rechts vom Lenkrad und der Scheibenwischer links. Überholen sollte man auf der rechten Seite und Kreisverkehre im Uhrzeigersinn befahren. Ist man erst einmal im fließenden Verkehr unterwegs, läuft's fast automatisch richtig. Die Umstellung ist also nicht besonders schwer. Ein Handgriff allerdings ist so tief im Unterbewusstsein verankert, dass er sich verselbstständigt hat. Sogar während einer längeren Fahrt mit bereits vielen Richtungswechseln zuckt an einer Kreuzung plötzlich meine falsche Hand vor und setzt den Blinker. Unter lautem Gelächter beginnt dann der Scheibenwischer bei strahlendem Sonnenschein mit seiner sinnlosen Arbeit.

Mittwoch, 08.05.

Die erste Nacht alleine. Wir sind aus unserem Zimmer am Pool nach oben gezogen und haben uns im Masterbedroom häuslich eingerichtet. HobNob liegt vor der Tür und eigentlich könnte es nicht schöner sein. Doch in der Nacht werden wir von einem Sturm heimgesucht, einem Sumatra. Wir werden unsanft aus unseren Träumen gerissen. Der Wind heult furchterregend, der Regen peitscht waagerecht durchs Haus und in unregelmäßigen Abständen krachen beindicke Äste auf die Erde. Schlaftrunken taumeln wir aus dem Bett, öffnen die Tür und bekommen direkt eine Ladung Gischt ins Gesicht. Schlagartig sind wir hellwach. Zuerst versuchen wir, die oberen Bambusrollos herunterzulassen, um den Regen abzuhalten. Der Wind schlägt sie uns mehrfach aus der Hand, aber irgendwann haben wir sie verzurrt. Dann sehen wir die Hängematte mit der massiven Holzstange bedenklich nah an einer von Olivias geliebten Buntglasscheiben hin und herpendeln. Schnell gesichert. Puh, das war knapp. Nun schlittern wir durchs offen gebaute Haus, um alles einzusammeln, was lose herumliegt und wegzufliegen droht. Die nassen Holzfußböden, Fliesen und die Wendeltreppe sorgen für einige Rutschpartien. Zu dem ganzen Chaos gesellt sich dann noch ein Kurzschluss und damit Stromausfall sowie völlige Dunkelheit. Glücklicherweise hatten wir unsere Stirnlampen schon bereit gelegt, als hätten wir es geahnt und sind nun nicht ganz ohne Licht. HobNob ist völlig verängstigt, den holen wir erstmal ins Schlafzimmer. Ich versuche, ihn zu beruhigen, denn er ist nur noch ein Häufchen Elend. Dann machen wir uns wieder auf den Weg ins Erdgeschoss, versuchen dort zu retten, was irgendwie zu retten ist. Wir suchen den Stromkasten – wo sich der befindet, hat uns Jack natürlich nicht verraten – finden ihn aber bald in der Küche und versuchen es mit der Hauptsicherung. Die fliegt jedoch starrsinnig immer wieder raus, es bleibt also dunkel. Ok, was jetzt? Wir beschließen, uns erstmal wieder ins Bett zu legen. Es ist immer noch mitten in der Nacht, stockdunkel und wir können nichts tun, außer zu hoffen, dass die Rollos halten, nicht zu viel kaputt geht und das Desaster morgen früh irgendwie zu bewältigen sein wird. HobNob rollt sich vor unserem Bett auf dem Boden zusammen und ist einigermaßen beruhigt, weil er nicht alleine ist. Dann versuchen wir wieder einzuschlafen. Diesmal braucht uns der Muezzin nicht wecken, beim ersten Schimmer der Morgendämmerung sind wir auf. Es lässt uns keine Ruhe zu sehen, was für eine Spur der Verwüstung der Begrüßungstropensturm hinterlassen hat. Bei Licht betrachtet sieht es nicht wirklich gut aus. Unten ist ein Rollo halb aus der Verankerung gerissen. Alles schwimmt, will heißen, es ist klatschnass! Die Elektrizität macht immer noch Probleme, aber wenigstens ist eine Hälfte des Hauses wieder mit Strom versorgt, da es zwei Sicherungskästen gibt. Der in der Küche ist unser Problemkind, d. h. allerdings auch, dass der Kühlschrank ohne Strom ist. Nur nicht die Nerven verlieren! Wir bekämpfen das Chaos mit einer Aufräumaktion, wischen, was zu wischen ist und trocknen, was zu trocknen ist. Dann inspizieren wir das Grundstück, der Rasen ist übersät mit Palmwedeln und Ästen, das bedeutet ein paar Stündchen aufräumen, ist aber kein Drama.

Das Beachhouse, also die Unterkunft für die Urlaubsgäste, sieht einigermaßen unversehrt aus und hat sogar noch Strom. Im Notfall müssen wir diesen Kühlschrank in Betrieb nehmen, bis wir eine Lösung gefunden haben. Das ginge jedoch auch nur vorübergehend, denn übermorgen erwarten wir die ersten Gäste. Das kann ja heiter werden. Nachdem wir jetzt einen Überblick über das Chaos haben, muss ein Aktionsplan her: 1. HobNobs Morgenroutine fällt heute etwas kürzer aus. 2. Nach und nach das Haus wieder bewohnbar machen. 3. Die Stromversorgung wiederherstellen. Der Sicherungskasten beherbergt gefühlt 40 Sicherungen. Die Hauptsicherung lässt sich jedoch nicht wieder einschalten. Also machen wir erstmal eine Zeichnung, d. h. eine Art Schaltplan, wie die einzelnen Sicherungen im Moment stehen. Nachdem wir den Ist-Zustand festgehalten haben, schalten wir alle Einzelsicherungen aus, jetzt fliegt schon mal die Hauptsicherung nicht mehr raus. Nun versuchen wir, eine Einzelsicherung nach der anderen einzuschalten und gucken, ob die Hauptsicherung wieder rausfliegt. Nach einer Weile haben wir tatsächlich eine Sicherung identifiziert, die wohl der Auslöser ist. Solange wir diese ausgeschaltet lassen, können wir den Ursprungszustand für alle anderen Sicherungen wieder herstellen und haben wieder Strom. Teilerfolg am frühen Morgen. Super! Der Kühlschrank läuft auch wieder, ein Problem weniger. Jetzt müssen wir nur noch herausfinden, was nicht mehr funktioniert, denn irgendein Gerät muss ja an der „faulen" Sicherung hängen. Je länger wir brauchen, um es zu identifizieren, desto unwichtiger wird es wohl sein. Das stärkende Frühstück haben wir uns verdient und danach widmen wir uns der Unordnung im Garten. Natürlich haben wir Olivia und Jack über das Chaos informiert und sie wissen lassen, dass wir für den Strom eine Übergangslösung gefunden haben. Es wartet noch ein Berg Arbeit auf uns, schließlich sollen sich die Gäste wohlfühlen, und wir natürlich auch. Was für ein Wetterspektakel direkt in unserer ersten Nacht als Alleinverantwortliche. Eins steht fest: Langweilig wird es hier nicht werden. Gut, dass wir Reise- und Tropenerfahrung haben, sonst hätten wir jetzt wahrscheinlich schon die Klamotten gepackt und wären mit wehenden Fahnen auf der Flucht.

Donnerstag, 09.05.
Diese Nacht war ruhiger und auch trockener, sehr erfreulich. Mittlerweile haben wir auch herausgefunden, welche Geräte an der maroden Sicherung hängen. Es ist das TV-Equipment, was nicht mehr zu unserer Unterhaltung beitragen möchte. Jetzt macht es sich bezahlt, dass wir so viele Bücher mitgenommen haben.
HobNob ist ein lieber Kerl, wir gehen morgens an den Strand und er lässt sich anschließend geduldig abspritzen und trocken rubbeln. Dann verkrümelt er sich, weil er weiß, dass er warten muss bis wir gefrühstückt haben. Doch wenn er dann das

Geräusch der Schaufel in der Hundefuttertonne hört, taucht er wie aus dem Nichts wieder auf und kann es gar nicht abwarten. Es reicht ein erhobener Zeigefinger, völlig ohne Worte, und er legt sich vor mich hin und wartet aufgeregt auf sein Startsignal. Vergewissert sich dann aber vorsichtshalber nochmal, ob er das Signal auch richtig gedeutet hat, bevor er dann losfuttert, was das Zeug hält. Das köstliche Mahl wird mit einem Schluck aus dem Pool abgerundet. Seinen Wassernapf verschmäht er konsequent, gechlortes Wasser mag er also lieber. HobNob, der kleine Rebell.

Heute kommt Sari, die malaysische Haushaltshilfe. Sie soll das Beachhouse für die Gäste vorbereiten, die wir morgen erwarten. Der Raum, in dem die Wäsche für die Gäste liegt, wäre eigentlich ideal, um Bettwäsche und Handtücher übersichtlich zu stapeln, wenn er nicht noch zusätzlich als Lagerstätte für allerlei Hausrat missbraucht würde. Möbel, Fernseher, Regale und Standlampen von Lucy und Angus, einem australischen Pärchen, stehen zwar an einem festen Platz, aber immer im Weg. Die beiden hatten sich mal eine längere Zeit mit ihren eigenen Möbeln im Beachhouse eingemietet. Nach ihrem Auszug wurden die Möbel „nur für eine kurze Weile" hier eingelagert. Warum sie die nicht gleich mitgenommen haben, entzieht sich unserer Kenntnis. Auch ihr Auto inklusive Schlüssel steht noch unter dem Beachhouse. Angeblich wollen sie das alles irgendwann im Juni abholen, wir werden sehen. Aktuell müssen wir jedenfalls noch akrobatische Übungen vollführen, um an Bettwäsche und Handtücher zu kommen. Ich lege schon mal zurecht, was für die erwartete 4-köpfige Familie so notwendig ist. Anschließend gucke ich mir das Beachhouse an, damit ich Sari genaue Arbeitsanweisungen geben kann. Es sieht aus, als hätte hier schon einige Zeit keiner mehr gewohnt. Entsprechend viel Geckokacke und andere undefinierbare Verschmutzungen sind zu beseitigen. Das sieht nach etwas mehr Arbeit aus. Wenn man sie denn überhaupt erkennt. Ok, lassen wir uns mal überraschen. Sari kommt mit dem Auto ihres

Sohnes vorgefahren, HobNob macht unglaublichen Alarm. Er bellt, was die Stimmbänder hergeben und lässt sie kaum aus dem Auto aussteigen. Und das, obwohl er sie seit mehr als einem Jahr kennt, denn solange arbeitet Sari schon für Olivia und Jack. So kann eine Begrüßung auch ausfallen, das macht seine freudige Reaktion auf uns umso erstaunlicher. Irgendwann gelingt es mir, ihn zu beruhigen, so dass ich Sari erklären kann, was heute zu tun ist. Dann schlappt sie mit Bügeleisen und Bügelbrett bewaffnet rüber zum Beachhouse, denn die Bettwäsche muss gebügelt werden. Als wenn es dort sonst nichts zu tun gäbe. Aber gut, das ist die mit Olivia abgestimmte Routine, die wollen wir jetzt nicht aufbrechen. Ich bitte sie trotzdem, alles zu putzen, bevor sie die Betten vorbereitet. Mal sehen, was dabei herauskommt. Sie erklärt mir voller Überzeugung, dass es aber doch viel Arbeit ist, vier Betten zu machen. Ich kann es nicht ändern, wir erwarten nun mal vier Gäste. Erschwerend kommt hinzu, dass Ramadan ist, was bedeutet, dass sie den ganzen Tag nichts essen und trinken darf. In ihrer Arbeitszeit von drei Stunden schafft sie es deshalb gerade so eben, die Betten vorzubereiten und ein wenig zu wischen. Hoffentlich sind die Aussies nicht so pingelig, ich wäre als Gast nicht ganz so begeistert. Es ist zwar nicht dreckig, aber deutschem Sauberkeitsverständnis entspricht es auch nicht gerade, eher so „Kölscher Wisch". Olivia hatte mich schon gewarnt, dass ich hinter Sari herräumen muss und auch nochmal prüfen muss, ob sie etwas vergessen hat. Dass es aber so ausgeprägt werden wird, damit habe ich nicht gerechnet. Überall ist noch etwas liegengeblieben, hier ein Putzlappen, da der Besen, hier eine Mülltüte usw. Nachdem ich nun alles nachgeräumt habe, Toilettenpapier, Küchenhandtücher, Müllbeutel, Tee und Kaffee aufgefüllt habe, ist die Ferienwohnung für unsere allerersten Gäste gut vorbereitet.

Eifriger als Sari ist der Muezzin, er ist heute hyperaktiv und beschallt uns ausdauernd. Zurück im Haupthaus stolpere ich über Saris Schlappen, die sie mitten auf der Treppe geparkt hat.

Sie findet es anscheinend selbstverständlich, sie im Weg liegen zu lassen. Schließlich kommt sie schon in drei Tagen wieder! Ich habe unsere Putzfee schon jetzt so richtig ins Herz geschlossen. Nun beschäftigen wir uns noch mit dem Trocknen all der nassgewordenen Textilien und Gegenstände und hoffen, dass nicht schon wieder ein Sturm der Marke Sumatra auf uns zukommt.

Ralfs Randnotiz:
Die Hauptbevölkerung auf Langkawi besteht aus muslimischen Bumiputras, was Söhne und Töchter der Erde bedeutet. Dazu gesellen sich noch kleine Gruppen von Chinesen, Indern und Thais. Die Leute sind stets unaufgeregt, freundlich und manche auch neugierig. Verkäufer an Straßenständen, Nachbarn im Vorgarten oder Reisbauern in den paddy fields winken uns fröhlich zu. So dürfen wir uns täglich über interessante Begegnungen freuen.

Freitag, 10.05.
Wir wachen erleichtert auf, denn es gab keinen Sturm in der Nacht. Ausgeschlafen gehen wir an den Strand und auf dem Rückweg sammeln wir wieder den Unrat ein. Die Müllsäcke werden immer voller, es ist wirklich unglaublich, was hier so jeden Tag angeschwemmt wird. Plastikmüll in Mengen, dazu gesellen sich Fischernetze, Kinderspielzeug, Fliegenklatschen, Glühbirnen, Zahnbürsten, Toilettendeckel, Sonnenbrillen und Flipflops. Sollten in den nächsten Tagen noch Handyhüllen dazukommen, werden wir einen Second-Hand-Laden eröffnen. Traumstrände sehen unserer Erinnerung nach irgendwie anders aus, aber das ist die neue Realität.
Wir bemühen uns nach Kräften, unseren kleinen Strandzugang aufzuräumen und ordentlich zu halten, so dass es für die Gäste einladend wirkt. Doch unsere Bemühungen gleichen einer Sisyphusarbeit. Nach der nächsten Flut sieht es wieder genauso beschämend aus. Das Wetter ist immer noch durchwachsen,

aber auf die Temperatur ist Verlass, es ist richtig warm, um nicht zu sagen heiß.

Unsere ersten Gäste haben ein Auto gemietet, so dass wir sie nirgendwo abholen müssen. Sie sind für den frühen Nachmittag angekündigt, wir werden sehen. Gegen Mittag habe ich schon mal das Einfahrtstor geöffnet, damit sie nicht vor verschlossener Tür stehen und sich nicht bemerkbar machen können.

HobNob gibt plötzlich „Bescheid", dass sie angekommen sind. Wir haben nichts bemerkt. Das Tor ist so weit vom Haus entfernt, dass man nicht einmal einen heranfahrenden Wagen hört. Unser Vierbeiner gibt den perfekten Wachhund und kläfft das Auto an. Glücklicherweise sind die Gäste entspannte Australier. Wir entschuldigen uns für die lebhafte Begrüßung, doch sie finden das ok und meinen, das wäre normal, schließlich müsste HobNob doch zeigen, dass dies sein Revier ist. Erleichtert über deren umgängliche Art kommt nun unser Notizzettel zum Einsatz, was wir unseren Gästen so alles an Informationen über das Beachhouse geben sollen und wollen. Besser mit Spickzettel bei der Premiere, denn so geübt sind wir ja nun auch noch nicht im Gästeempfang.

Nachdem alles erklärt ist, verabschieden wir uns nach nebenan und lassen sie in Ruhe. Das Wetter ist nicht so gnädig mit ihnen, es fängt wieder an zu regnen. That's life.

Dann wird's Zeit für unseren Mittagssnack. Damit haben wir extra gewartet, bis die Gäste eingetrudelt sind. Wir haben uns gerade hingesetzt, da taucht Familienvater Alex auf. Er fragt, ob wir mal mit rüber kommen könnten, es wäre etwas passiert. Wir kriegen natürlich einen gehörigen Schreck, lassen alles stehen und liegen und machen uns sofort auf den Weg.

Als wir dann am Beachhouse ankommen, trauen wir unseren Augen nicht. Auf der Terrasse liegt ein ca. 1,20 x 1,80 m großes Stück Decke quer über den Sonnenliegen und in der Decke klafft ein entsprechend großes Loch. Als Alex dann noch zum Besten gibt, dass diese riesige Platte seinen Sohn nur um Haaresbreite verfehlt hat, wird uns ganz anders.

Doch glücklicherweise sind unsere Gäste gelassene Australier, das können wir hier nicht oft genug betonen. Sie bieten sogar noch ihre Hilfe beim Aufräumen und putzen an. Die lehnen wir natürlich ab und versuchen das Chaos so schnell und so geräuschlos wie möglich zu beseitigen. Unsere Aussies sitzen derweil entspannt in ihren Sesseln, trinken ein Glas Wein und genießen ihr Leben. Die Platte ist verdammt schwer und hätte dem Sohn mit Sicherheit mehr als nur eine Beule verpasst. Was für ein Glück im Unglück, das niemand getroffen wurde. Nachdem ich ein paar Fotos gemacht habe, um diese dann an Jack zu schicken und wir alles wieder aufgeräumt und gesäubert haben, verabschieden wir uns unter tausend Entschuldigungen. Wir möchten uns gar nicht ausmalen, was da alles hätte passieren können. Da wir die Ursache für den Deckenabsturz noch nicht gefunden haben, sind wir ein wenig beunruhigt. Hoffentlich lösen sich nicht noch mehr Teile aus der Decke. Es war zwar stürmisch und es hat geregnet, aber die Platte ist trocken, daran kann es nicht gelegen haben.

Wir halten den Kontakt zu Olivia und Jack und teilen ihnen unsere Besorgnis mit. Jack bittet uns, bei den Nachbarn Sinta und Omar Handwerker zu organisieren, die das in Ordnung bringen können. Das werden wir auch tun, aber erst, wenn die Familie wieder abgereist ist. Wir wollen sie nicht auch noch mit einer Baustelle belästigen. Nach kurzer Diskussion lenkt Jack ein und wir einigen uns, dass wir die Zeit zwischen diesen und den nächsten Gästen nutzen werden, um die Decke in Ordnung bringen zu lassen.

Eigentlich wollten wir heute Abend mal very british zum Hash gehen, obwohl wir immer noch nicht genau wissen, was da abgeht. Doch nach diesem Vorfall habe ich Angst, dass noch mehr passiert und wir dann nicht verfügbar sind. So bleiben wir vorsichtshalber zuhause und rufen Karsten an, um abzusagen. Dieser Job ist kein reines Urlaubsvergnügen, so viel steht fest!

Samstag, 11.05.
Der Abend und die Nacht sind ruhig verlaufen, erfreulicherweise sind keine weiteren Deckenteile heruntergekommen. Als wir morgens zum Strand gehen, sind Alex und seine Familie schon auf, mit HobNob haben sie sich prima angefreundet und sie genießen ihren spannenden Urlaub. Toller Auftakt für unsere Gästebetreuung.

Nach der üblichen Morgenroutine brechen wir zu einem kleinen Ausflug mit HobNob auf. Aufgrund der Gäste hätten wir ihn sonst einsperren müssen, das wollen wir natürlich nicht.

Der Weg ist nicht weit, wir steuern den Durian Perangin Wasserfall an. HobNob klettert brav ins Auto und macht es sich bequem. Auf dem Parkplatz des Naturschutzgebietes gibt es erstmal Alarm, nachdem unser Struppi ausgestiegen ist. Da tummeln sich diverse wilde Hunde und machen HobNob begreiflich, dass er nicht willkommen ist. Na prima! Ralf lenkt die Hunde ab und ich gehe mit unserem kleinen Freund Richtung Wasserfall. Das ist aufgrund der lauten Kläfferei ziemlich nervenaufreibend.

Viele Malaien haben Angst vor Hunden, das macht die Wanderung nicht leichter, wenn uns Leute entgegenkommen. Wir respektieren jeden, der uns ängstlich begegnet und nehmen HobNob eng an die Leine. Er ist ganz brav und gibt keinen Mucks von sich.

So machen wir beim Aufstieg immer wieder Platz für die weiteren Besucher, damit sie möglichst entspannt passieren können. Mit dieser Vorgehensweise kommen wir natürlich nur langsam vorwärts. Macht nichts, wir haben Zeit und die Luft ist selbst bei langsamer Bewegung extrem schweißtreibend. Nachdem wir den nur mäßig spektakulären Wasserfall inspiziert haben, kehren wir zum Auto zurück und fahren noch weiter zum Kilim Nature Reserve, einem der Startpunkte für die populären Mangroventouren auf Langkawi. Hier wollen wir noch etwas spazieren gehen. Plötzlich flippt HobNob schier aus und ich habe alle Mühe, das Kraftpaket zu halten. Zunächst verstehen wir gar nicht, was ihn so aus der Reserve lockt, bis wir auf der anderen Flussseite einen Riesenwaran entdecken, den er nun gerne jagen möchte. Das möchten wir aber nicht. Damit wir das Reptil trotzdem in seiner ganzen Pracht und in Ruhe bestaunen können, teilen wir uns auf. Einer entfernt sich mit HobNob ein wenig, der andere beobachtet den Waran. Mit Hund durch den tropischen Regenwald zu streifen ist durchaus eine Herausforderung, da der Dschungel im wahrsten Sinne des Wortes lebt. Dort tummeln sich zahlreiche exotische Tiere, die entweder HobNobs Jagdinstinkt oder unsere Aufmerksamkeit wecken.

Ralfs Randnotiz:
Spaziergänge mit HobNob außerhalb des Strandes machen nur dort Sinn, wo sich nicht viele Leute herumtreiben. Einige ältere Malaien haben echt Angst vor ihm, obwohl er sich Menschen gegenüber immer tadellos verhält. Nur in seinem Revier, auf dem Grundstück von Olivia und Jack, da kann er Fremden gegenüber schon mal etwas lauter werden. Die Kinder in den Dörfern hingegen freuen sich, wenn sie uns sehen. Sie grüßen und winken dem exotischen, weil struppigen Wollknäuel zu, denn alle sonstigen Inselhunde haben kurzes Fell.

Sonntag, 12.05.

Heute haben wir tatsächlich mal einen unspektakulären und stressfreien Tag zu verzeichnen. Wir gehen mit Ball und Müllbeutel an den Strand, um HobNob ein wenig glücklicher und den Strand ein wenig sauberer zu machen. Es ist ein schönes Gefühl, wenn man gebraucht wird. Alles läuft seinen nun fast schon gewohnten Gang, es gibt keine unliebsamen Überraschungen. Das ist richtig erholsam.

Montag, 13.05.

Die Urlaubszeit unserer ersten Gäste ist schon um. Alex und Familie reisen heute Vormittag ab. Sie waren trotz des Deckendesasters sehr zufrieden mit ihrem Aufenthalt. Wir haben uns also als aufmerksame Gästebetreuer bewährt, toll.

Nachdem sie weg sind, räumen wir direkt Bettwäsche, Handtücher etc. aus und werfen die erste Waschmaschine an. Wir haben zwar ein paar Tage Zeit, bis die nächsten Gäste kommen, doch bei der Witterung ist das mit dem Wäschetrocknen nicht immer ganz so einfach. Darum wollen wir das lieber gleich erledigen, dann ist alles bereits Gäste vorbereitet.

HobNob macht heute eine ganz besondere Erfahrung. Er liebt es, mit Eichhörnchen zu spielen, und das geht so: Er beobachtet die niedrige Palme vor dem Haus, auf der die Eichhörnchen gerne herumturnen. Hat er eins entdeckt, springt er kläffend am

Stamm hoch und ermuntert den Nager, die Palme zu verlassen. Die Palmwedel hängen aber so ungünstig, dass das Eichhörnchen nicht zum nächsten Baum springen kann, sondern ein kurzes Stück über den Boden flitzen muss. Nun ist HobNobs Jagdinstinkt vollends erwacht und er spielt Nachlaufen.

Üblicherweise ist er zweiter Sieger, doch heute ist er schneller. Er schnappt nach seinem Spielkameraden und trägt ihn stolz bis zur Mitte der Wiese, wo er ihn dann behutsam absetzt. Nun wartet er, dass das Eichhörnchen wieder losrennt, und er hinterherjagen kann. Doch es bewegt sich nicht mehr. Wir sind traurig. HobNob guckt ganz verstört aus der Wäsche und bewacht sein Opfer. Sobald wir auch nur in die Nähe kommen, knurrt er richtig böse. Das sind ja ganz neue Seiten. Ok, dann lassen wir ihn erstmal in Ruhe und kümmern uns später um die Leiche. Über Stunden verlässt er seinen Wachplatz nur für kurze Momente und ist völlig durch den Wind, weil sich der Nager nicht mehr bewegt.

Da haben wir live vor Augen geführt bekommen, nach welchem Prinzip die Tierwelt funktioniert: Jagen und gejagt werden.

Am Nachmittag kommt Sinta, unsere malaysische Nachbarin vom Guesthouse Palm Village mit ihren Handwerkern, um sich den Schaden im Beachhouse anzusehen. Wir haben nur wenig Zeit, um die Decke Instand setzen zu lassen, bevor wieder Gäste kommen. Darum sind wir froh, dass Sinta uns die indonesischen Tagelöhner spontan „ausleiht". Die Arbeiter sehen sich den Schaden an, sind überzeugt, das reparieren zu können und nennen einen fairen Preis. Das werden wir Jack mitteilen und sobald wir sein ok haben, den Startschuss geben. Nun müssen wir nur noch das passende Deckenmaterial beschaffen. Immerhin, wir sind schon einen Schritt weiter, denn wir haben motiviertes Fachpersonal gefunden. Jack findet den Preis sehr moderat und ist einverstanden. Morgen können wir unseren ambitionierten Zeitplan also weiter verfolgen.

Gegen Abend gelingt es Ralf dann endlich, das Eichhörnchen wegzuschaffen und anschließend zu begraben, während ich HobNob ablenke. Er hockt wie ein Trauerkloß in der Ecke und kehrt immer wieder zu dem Flecken Wiese zurück, wo er seine Beute abgelegt hatte. Nun schauen wir mal, ob wir auch einen verstörten Hund wieder aufheitern können.

Ralfs Randnotiz:
Bei der permanenten Hitze laufen wir im Haus immer barfuß herum. Sobald wir rausgehen, kommen Flipflops zum Einsatz. Für die Gartenarbeit ziehen wir natürlich Schuhe an, die Dornengestrüpp, Stechmücken, Ameisen und andere Krabbel- und Kriechtiere abhalten sollen. Beim heutigen Versuch, die Schuhe anzuziehen, komme ich mit dem rechten Fuß nicht rein. Steckt vielleicht noch ein Socken drin? Ich fasse mit der Hand in den Schuh und hole eine fette Kröte ans Licht. Das Tier ist von dem leichten Fußtritt etwas benommen, rappelt sich aber bald wieder auf und hüpft davon. Nächste Lektion gelernt: Schuhe vor dem Benutzen immer ausschütteln!

Dienstag, 14.05.
Heute geht es um die Schadensbeseitigung im Beachhouse. Wir geben Sinta Bescheid, dass ihre Arbeiter den Job übernehmen sollen. Als wir uns um das notwendige Material kümmern wollen, erfahren wir, dass Sinta und ihr Geschäftspartner Omar

in einem Lagerschuppen noch eine Deckenplatte gefunden haben, das ist natürlich super! Jetzt brauchen wir nur noch ein passendes Zeitfenster, wann die Reparatur durchgeführt werden kann, möglichst bevor die nächsten Gäste anreisen.

Es ist verdammt heiß heute. Wir haben immer noch keinen Frieden mit dem Klima geschlossen, denn der Schweiß läuft in Strömen. Nun ja, wir sind in den Tropen, das haben wir ja vorher gewusst und es lässt sich nicht ändern. Dann müssen wir eben noch häufiger als üblich in den Pool hüpfen, das ist immer eine willkommene, wenn auch nur kurz anhaltende Erfrischung.

HobNob ist nach wie vor neben der Spur. Er hat noch immer nicht verstanden, was da gestern zwischen ihm und dem Eichhörnchen schiefgelaufen ist. Hoffentlich kann er das Erlebte bald verarbeiten und seine Lebhaftigkeit zurückgewinnen.

Nachmittags machen wir einen Ausflug auf den höchsten Berg Langkawis, den Gunung Raya. Der Weg auf den Gipfel ist schon bemerkenswert. Es führt eine 13 km lange Stichstraße in Serpentinen durch den Dschungel den Berg hinauf. Die Straße befindet sich in einem vorsichtig ausgedrückt bedauernswerten Zustand, teilweise sind Fahrspuren schon halb überwuchert und die Schlaglöcher gleichen an manchen Stellen Kratern.

Zum Berg gehört ein Naturschutzgebiet mit einer vielfältigen Flora und Fauna. Die üppige Vegetation und die neugierigen Affen am Wegesrand sorgen für eine mystische Stimmung, irgendwie ist es sehr seltsam hier.

Doch die Fahrt lohnt sich, auf dem Gipfel erwartet uns eine tolle Aussicht auf die vorgelagerten Inseln bis nach Thailand hinüber. Getrübt wird die Idylle allerdings durch einen hässlichen Gebäudekomplex, ein ehemaliges Tagungszentrum, inzwischen der zerstörerischen Kraft der Natur ausgesetzt. Ein Anblick nicht von dieser Welt! So unterschiedlich können die Eindrücke an ein und demselben Ort sein.

Mittwoch, 15.05.

Inzwischen haben wir uns an den morgendlichen Gebetsruf des Muezzins gewöhnt, zum Sonnenaufgang geht's los. Wir haben den dringenden Verdacht, dass hier mehrere Muezzins ihren Dienst tun. Der heutige erfreut uns mit besonders lautem, ausdauerndem und kunstreich verziertem Gesang.

Ihm zuliebe stehen wir auf und spulen unsere eigene morgendliche Routine ab. Dazu gehört natürlich auch der Aufenthalt im Freiluftbadezimmer.

Sehr spaßig ist, dass sich im Baum gegenüber morgens immer Hornbills einfinden. Heute registrieren wir eine neue Rekordbeteiligung, es sind sechs an der Zahl. Während wir also unser Geschäft verrichten, können wir die geselligen Vögel mit den riesigen Nashornschnäbeln prima beobachten. Aber eigentlich ist es genau andersherum. Die Spaßvögel sitzen in sicherer Entfernung auf einem Ast und schauen mal, was die merkwürdigen Menschen da in ihrer riesigen Behausung so treiben. Aber jedes Mal, wenn ich die Kamera hole, sind sie wie von Geisterhand wieder verschwunden. Das ist doch ein abgekartetes Spiel!

Die Arbeit ruft, Ralf widmet sich dem Garten und ich gehe mit HobNob kurz an den Strand, doch er trauert immer noch und ist nicht so richtig bei der Sache. Wir lenken ihn und uns mit einem leckeren Frühstück ab.

Später wollen wir die gästefreie Zeit noch für einen weiteren Ausflug nutzen. Der Wat Koh Wanararm steht auf dem Programm, auch Langkawi Lucky Temple genannt. Ich habe etwas darüber gelesen und nun wollen wir uns die buddhistische Kultstätte mal live ansehen. Der Tempel liegt etwas abseits der Touristenströme und ist darum nicht so stark frequentiert. Also genau das Richtige für uns.

Auf der Inselringstraße geht es Richtung Kuah. Gemäß Karte müssen wir von dort aus irgendwo bei einer Schule links abbiegen. Hier ist es, wir haben im ersten Anlauf die richtige Abzweigung gefunden, sehr schön.

Auf dem Weg zum Tempel sieht man nun schon das Highlight dieser Stätte, eine riesige aus dem Fels gemeißelte Buddha-Statue, sehr beeindruckend. Wir fallen mal wieder aus der Rolle, denn im Gegensatz zu anderen Besuchern parken wir den Wagen *vor* dem Eingang und betreten das Tempelgelände zu Fuß. Auf dem zentralen Platz der Anlage zeugt die Baustelle eines Tempelneubaus von der Spendenbereitschaft der buddhistisch-chinesischen Gemeinde. Mich zieht allerdings diese gigantische in die Felswand gemeißelte Figur magisch an.

Sie hat schon eine bemerkenswerte Ausstrahlung, wow! Außer uns sind nur wenige Besucher auf dem Gelände, wir können uns also völlig ungestört umsehen und die Magie auf uns wirken lassen. Auch wenn ich keinen direkten religiösen Bezug zu diesem Ort habe, hinterlässt er durchaus einen starken Eindruck.

Nachdem wir ausreichend Ruhe und Kraft durch den Besuch des Tempelgeländes empfangen haben, fahren wir noch nach Kuah zum Einkaufen. Das ist relativ zügig erledigt und da wir HobNob nicht so lange alleine lassen wollen, machen wir uns auf den Rückweg. Hierfür wählen wir die Strecke quer über die Insel. Es fängt an zu regnen. Glück gehabt, wir haben die Aktivitäten in der richtigen Reihenfolge geplant.

Heute Nachmittag soll die Decke im Beachhouse repariert werden. Wir haben jedoch noch nichts von Sinta und Omar gehört, wann es genau losgehen soll. Da wir nicht nerven wollen, warten wir noch eine Weile. Als wir uns dann vorsichtig in Erinnerung rufen, lacht sich Omar kaputt. Die Universalhandwerker sind schon längst zugange, so ein Spaß. Und wir haben nichts gemerkt. Sie sind vom Palm Village-Gelände aus mitsamt der Deckenplatte, Leiter und Werkzeug einfach über den Zaun geklettert und haben schon mal angefangen. Das Loch wird mit der Gipskartonplatte zugepappt, mit Schrauben verschiedenster Art und Größe festgeschraubt und anschließend verspachtelt. Ob das wirklich hält? Wir wollen es hoffen. Der ganze Spaß kostet nur 150 Ringgit. Unternehmen Deckenreparatur erfolgreich abgeschlossen. Glückwunsch.

Ralfs Randnotiz:
Selbst bei einer profanen Aktion wie der Parkplatzsuche muss ein Aspekt bedacht werden, der uns in Mitteleuropa völlig fremd ist. Bei der permanenten Hitze sucht man sich natürlich ein kühles Plätzchen (Thema Schattenparker), damit der Wagen nicht zum Backofen mutiert. Eine großgewachsene Palme scheint ideal, birgt aber die Gefahr, dass eine lautlos herunterfallende Kokosnuss einen ordentlichen Schaden verursacht. Deshalb sind verbeulte Karossen hier auf der Insel keine Seltenheit.

Donnerstag, 16.05.
Ralf geht morgens alleine mit HobNob zum Strand, unser Struppi ist heute total anhänglich. Dann gibt es Frühstück. Wir sind gerade fertig, als Sari kommt, begleitet von lautem Gekläffe. HobNob kann sie einfach nicht leiden, warum auch immer. Sie kümmert sich um das Beachhouse, denn wir erwarten wieder Gäste. Es kommen vier junge Männer aus Kuala Lumpur. Da sie gerne getrennt schlafen möchten und nicht im Doppelbett, müssen wir noch eine Matratze aus der Abstellkammer hervorzaubern. Das gestaltet sich aufgrund des Chaos in diesem Raum als schwieriges Unterfangen. Da gibt's nur eine Lösung: Alles komplett ausräumen, sortieren und mit System wieder einräumen. Und siehe da, die Matratze ist freigelegt, alles andere ist wieder drin, jedoch kann man sich jetzt bewegen und kommt auch an alle Teile ran. Und vielleicht erinnern sich ja Lucy und Angus mal irgendwann an ihren Hausrat, der noch hier lagert. Die Matratze bringen wir Sari ins Beachhouse, damit sie die Betten entsprechend vorbereiten kann.

Es beginnt zu regnen. Nachdem Sari ihren Job beendet hat, stehen mal wieder ihre Schlappen mitten auf der Treppe, ganz zu schweigen von all den Dingen, die im Beachhouse liegen geblieben sind. Wirklich unglaublich, dass Sari für solche Arbeitsleistungen tatsächlich einen Lohn ausgehandelt hat. Respekt. Aber gut, sie ist nicht bei uns angestellt, sondern bei Olivia und Jack und die sind scheinbar zufrieden mit Saris Bemühungen und zahlen gerne dafür. Also sind alle glücklich, da werden wir uns nicht einmischen. Dann soll es so sein.

Der Regen hat etwas nachgelassen, Ralf geht laufen und ich stutze die Bambussträucher. Gefühlte 500 Moskitostiche später habe ich den Job schon erledigt. Nun brauche ich erstmal eine Dusche und muss meine Stiche verarzten.

Nachmittags hört es auf zu regnen und wir gehen mit HobNob die Runde durch die Mangroven. Das ist immer sehr aufregend für ihn, da es dort häufig Tiere zu entdecken gibt. Auf dem Boden hocken Echsen und Warane, im Schlamm krabbeln Krebse, in den Bäumen turnen Affen herum, Vögel zeigen ihr prachtvolles Gefieder und manchmal stehen Wasserbüffel im Schlamm. HobNob hat sie alle immer vor uns erspäht und zerrt schon an der Leine, bevor wir nur ahnen, was da sein Interesse geweckt hat. Auf einmal steht eine Kuh direkt vor uns auf dem Weg. Der Wiederkäuer ist ziemlich an HobNob interessiert. Der jedoch ist gar nicht mutig und will den Rückzug antreten. Dann müssten wir aber denselben Weg zurück, statt der vorgesehenen Runde, damit sind wir nicht einverstanden. Also muss unser Struppi seine Angst überwinden. Wir manövrieren ihn an der Kuh vorbei, wobei er respektvoll den größtmöglichen Abstand hält. Tapferer HobNob. Zwischen den Reisfeldern entsteht plötzlich eine unwirkliche Atmosphäre. Die bewässerten Felder leuchten sattgrün in der Sonne und am Horizont wechseln sich bewaldete Hügel mit bizarren Felsformationen ab. Fehlt nur noch die passende Geräuschkulisse, nämlich friedliche Stille. Aber stattdessen wird die Luft vom melodiösen Singsang des Muezzins erfüllt.

Später gehe ich noch zum Ramadan-Markt Essen kaufen. Das ist ganz praktisch und die positive Seite des Ramadans, der das öffentliche Leben tagsüber für einen Monat praktisch lahmlegt. Da zwischen Sonnenaufgang und Sonnenuntergang Essen und Trinken für die Muslime verboten ist, wird in den Haushalten generell weniger gekocht. So versorgen sich große Teile der Bevölkerung mit Speisen auf den eigens dafür eingerichteten Ramadan-Märkten. Schmeckt gut, tut gut und kostet wenig. Die Marktstände öffnen am späten Nachmittag und bieten eine breite Palette an einheimischer Kost zu sehr moderaten Preisen an. Das nutze ich, um mir mal das Kochen zu sparen. Das Four Seasons Resort hat heute auch einen Stand aufgebaut und verteilt das Essen kostenlos. Ich vermute dahinter eine Aktion für wenig begüterte Leute und ignoriere den Stand deshalb. Als ich zu den anderen Essensständen weitergehen will, kommen die Mitarbeiter des Four Seasons jedoch auf mich zu und bieten auch mir etwas an. Es wäre nun sehr unhöflich, das nicht anzunehmen. Das käme gar einem Gesichtsverlust gleich. Also nehme ich die Mahlzeit an und bedanke mich herzlich. Mit dem geschenkten und dem gekauften Essen gehe ich nach Hause und freue mich, dass es hier anscheinend Solidaritätsaktionen unter der Bevölkerung gibt. So habe ich ungewollt Essen für mindestens zwei Mahlzeiten für Ralf und mich erstanden, und das für nur 20 Ringgit, also ein wirklich günstiges Vergnügen.

Freitag, 17.05.
Ralf geht mit HobNob zum Strand, ich kümmere mich ums Frühstück. Ralf kommt alleine zurück, der Streuner ist ausgebüxt. Das kommt schon mal vor, manchmal verspürt er das dringende Bedürfnis, an versteckten Stellen Löcher zu buddeln, bisher ist er aber immer wieder aufgetaucht. Ich gehe noch mal los, um unseren Ausreißer aufzuspüren. Als ich ihn rufe, kommt er gleich angeflitzt. Alles ist gut.
Nach dem Frühstück planen wir einen Ausflug zum Oriental Village. Dort ist die Basisstation für SkyCab und SkyBridge, die

Attraktionen auf Langkawi. HobNob ist ganz aufgedreht und will uns gar nicht fahren lassen. Er wetzt uns hinterher, also muss ich nochmal aussteigen und ihn aufs Grundstück zurückbringen. Schließlich gelingt es doch noch, ohne ihn abzufahren.

Das Oriental Village ist ein künstlich aus dem Boden gestampfter, weitläufiger Open-Air-Komplex mit Einkaufs-, Speise- und Unterhaltungsmöglichkeiten, der heute ziemlich ausgestorben wirkt. Das fasziniert uns nicht wirklich und mit dem SkyCab wollen wir heute auch nicht fahren.

Wir interessieren uns eher für den Seven Wells Wasserfall mitten im Dschungel, aber wir haben den Einstieg noch nicht gefunden. Den Toyota parken wir wie die Einheimischen am Straßenrand, statt wie die Touristen die gebührenpflichtigen Parkplätze zu nutzen. Dann spazieren wir los, um den Einstieg zum Wasserfall aufzuspüren.

Unterwegs gibt es noch ein Gestüt mit stündlicher Pferdeshow, nichts für uns. Es folgt ein Zip-Line-Anbieter mit echten Mondpreisen, die Touristenabzocke lässt grüßen. Egal, wir kraxeln weiter, da ist er ja, der Einstieg zum Wasserfall. Jetzt geht es 630 Stufen durch den tropischen Regenwald bergauf, da fließt der Schweiß mal wieder in Strömen.

Oben dann die Überraschung, es erwartet uns ein toller Ausblick, eine Aussichtsbrücke über dem Wasserfall, natürliche Pools zum Baden und auch noch der Startpunkt für diverse Dschungel-Trails. Soviel Naturerlebnis und Fernsicht hatten wir gar nicht erwartet. Entsprechend halten wir uns länger als geplant hier oben auf und büßen jetzt dafür, kein Wasser mitgenommen zu haben. Denn bei diesen schweißtreibenden Temperaturen ist der Flüssigkeitsbedarf des Körpers enorm hoch.

Beim Abstieg nehmen wir noch den Stichweg zum unteren Becken des Wasserfalls mit, ebenfalls sehr lohnenswert. Ordentlich durchgeschwitzt erreichen wir unser Auto und trinken uns erstmal wieder fit.

Dann machen wir uns auf den Rückweg, HobNob empfängt uns freudig und hat ein Leckerli verdient. Nach einem Mittagssnack legen wir noch eine kurze Siesta ein, bevor es weitergeht mit der nicht enden wollenden Gartenarbeit.

Ralf mäht den Rasen vor dem Beachhouse, ich kümmere mich um die Pflanzen, räume ein bisschen Gestrüpp weg und versenke mich anschließend im Pool, herrlich.

Anschließend gehe ich noch zum Ramadan Markt, hole Erdnusspfannkuchen für Ralf und eine bunte Auswahl an Gerichten für unser Abendessen. Rechtzeitig vor dem einsetzenden Regen bin ich wieder zurück. Perfektes Timing!

Samstag, 18.05.
Der Tag fängt schon sehr früh an, gegen 4 Uhr wird HobNob unruhig, knurrt und rennt aufs Grundstück. Mit unseren Taschenlampen haben wir die unliebsamen Gäste schnell entdeckt: Drei streunende Hunde. HobNob schafft es, die wilde Horde wieder Richtung Strand zurückzutreiben. Er hört sogar auf mich, als ich ihn zurückrufe, damit er ihnen nicht hinterherläuft. HobNob, unser Wachhund und Einzelkämpfer. Na, dann können wir ja weiterschlafen. Morgens geht Ralf mit HobNob die Strandrunde, dann folgt die übliche Routine, Frühstück etc.

Anschließend machen wir das Beachhouse klar für die Ankunft der Gäste heute Abend, d. h. die Außentreppen fegen, die Terrassen nochmal säubern, Handtücher, Toilettenpapier, Tee etc. bereitlegen. Zusätzlich sammeln wir den Müll am Strand ein, um das Urlaubsparadies noch ansprechender zu gestalten. Das ist auch heute wieder eine wahre Sisyphusarbeit. Die Müllmengen sind einfach unglaublich und ein echtes Trauerspiel. Ich kümmere mich noch um die Reinigung des Haupthauses, während Ralf Äste im Garten einsammelt, bevor wir kurz den Pool entern und dann eine kleine Siesta einlegen. Nachmittags fahren wir Richtung Kuah. Die Tour ist gedacht als eine Kombination aus Sightseeing und Einkaufen.

Zunächst fahren wir Tanken. Das ist einfach, wenn man weiß, wie's geht. Wir müssen zuerst an der Kasse zahlen, dann wird die Zapfsäule freigeschaltet. Die Spritpreise sind enorm günstig hier, quasi paradiesisch. Da wir keine Ahnung haben, wieviel denn so in den Tank passen könnte – hat Jack vergessen, uns mitzuteilen – versuche ich es mal mit 50 Ringgit. Wahrscheinlich hätte auch mehr reingepasst, aber mit den 23 Litern Diesel sind wir erstmal gut versorgt.

Dann wollen wir in den Billion-Supermarkt an der Jetty. Der Kundenparkplatz ist voll, ach du Scheiße, das gab's noch nie. Wir drehen eine weitere Runde, parken schließlich gegenüber auf einem schön in einen Park integrierten Parkplatz mit merkwürdiger Beschriftung. Es scheint jedoch heute nichts zu kosten, denn es gibt weder eine Zahlstelle noch einen Parkscheinautomaten. Also parken wir hier. Der Supermarkt ist völlig überfüllt. Wir haben uns für den Einkauf den falschen Tag ausgesucht. Die zahlreichen Wochenendausflügler vom Festland sind da, das haben wir nicht bedacht. Es ist unglaublich laut hier drin, die ewig wiederkehrende Supermarkt-Erkennungsmelodie vermischt sich mit dem aufgeregten Geschrei der Kunden. Es ist einfach nur ätzend, also schnell das Nötigste zusammenraffen, in der langen Kassenschlange den Gelassenen spielen und nichts wie weg hier. Dann besuchen wir das

Premium-Outlet und entdecken in einer Regalecke Chablis- und Pinot Noir-Flaschen für lächerliche 8 Ringgit. Zunächst habe ich einen Mitarbeiter gefragt, ob der Preis wirklich stimmt, die erhoffte Antwort: „Ja, alles korrekt". Gut, dann haben wir um einen Korkenzieher gebeten, um zu testen, ob der Wein noch genießbar ist, denn der Preis ist wirklich unglaublich günstig. Nach einer kurzen Irritation – es kommt anscheinend nicht so häufig vor, dass Kunden schon im Laden, und noch dazu *vor* dem Bezahlen Trinken wollen – wird eine Flasche geöffnet. Ergebnis: Der Korken bröselt ein wenig, aber der Wein hält, was die Traube verspricht. Super Deal, wir schlagen zu!

Erheitert und beschwingt versuchen wir dann im Kinokomplex Geld zu ziehen, ein Tipp von Olivia und Jack. Fehlanzeige, unsere Kreditkarte wird nicht akzeptiert. Das Theater hatten wir doch schon mal bei unserem ersten Aufenthalt auf Langkawi, na prima. Die Geldzufuhr stottert, der Supermarkt ist völlig über-füllt und der Weinladen quillt auch vor Kunden über, die komplette Festlandbevölkerung scheint auf Langkawi einge-fallen zu sein.

Samstags gehen wir nie wieder einkaufen, das steht fest! Dann finden wir doch noch eine chinesische Bank, die unsere Kreditkarte akzeptiert und wir können endlich Geld abheben.

Auf der Rückfahrt kaufen wir noch schnell Fleisch für HobNob. Der ist inzwischen relativ lange alleine, das ist natürlich die Schuld der vielen Wochenendtouristen! Entsprechend aufge-regt fällt die Begrüßung aus, als wir schließlich nach Hause kommen. Da freut sich einer richtig.

Schnell die Einkäufe verstaut und dann los zum Abend-spaziergang. Danach geht Ralf noch eine Runde laufen, HobNob bekommt Futter und ich mache die Wäsche. Perfektes Familien-idyll.

Nun wollen wir entspannt den Sonnenuntergang genießen, aber unser Hund ist plötzlich verschwunden. Na super, gleich kommen auch noch die neuen Gäste. Schließlich taucht der freche Streuner wieder auf, und ich ermahne ihn eindringlich, eigenständige Abwesenheiten in der Dunkelheit zukünftig zu unterlassen.

Dann koche ich typisch asiatisch, ein Curry, echt lecker. Ich lasse HobNob nicht mehr aus den Augen, heute muss er im Haupthaus bleiben, wenn die Gäste kommen. Die lassen aber auf sich warten und wir gähnen um die Wette.

Um kurz nach 22:30 Uhr kommen die vier jungen Kerle tatsächlich mit dem Mietwagen vorgefahren. Dank HobNobs Präsenz steigen sie gar nicht erst aus, anscheinend haben auch sie eine leichte Hundephobie. Stattdessen fragen sie höflich und nett aus dem geöffneten Autofenster heraus, ob sie denn hier richtig sind. Na klar!

Ich sperre HobNob in die obere Etage, dann gehen wir mit Taschenlampen zum Beachhouse, lassen die Vier hinter uns her fahren und heißen sie nun herzlich willkommen. Wir geben eine kurze Einweisung, wie alles funktioniert und lassen sie dann in Ruhe. Feierabend! Ich bin müde und kann nun endlich ins Bett, wie schön.

Sonntag, 19.05.

Der Muezzin ruft... Nach einer Tasse Tee folgt ein ausgiebiger Strandspaziergang mit HobNob. Es ist Ebbe, also ideal zum Laufen am Strand. Aber unser Vierbeiner ist ein bisschen träge. Schade, heute könnte er wetzen, bis die Tatzen Blasen werfen.

Zum Frühstück gibt es Toast mit Ei und Thunfisch, Donuts, Erdnusspfannkuchen, frische Mangos und Äpfel. Man gönnt sich ja sonst nichts.

Nach dem kargen Mahl versucht Ralf, den Oldtimer anzuwerfen. Jack hat einen weißen Roadster älteren Baujahrs unter einem Dach stehen. Leider wurde der Zweisitzer mit Faltdach etwas vernachlässigt und das Klima arbeitet fleißig am Verrottungsprozess. Wirklich schade, denn das Gefährt mit seiner breiten Schnauze und dem langen Motorraum ist ein echter Hingucker. Ralfs Job besteht darin, den Motor ca. alle zehn Tage zu starten und dann für zehn Minuten laufen zu lassen.

Leider scheitern die Startversuche, vielleicht sind die Zünd-kerzen heute zu feucht oder die Batterie ist schon zu schwach. Dafür haben wir aber ein paar schöne Kalenderfotos mit uns am Steuer gemacht! Das hat richtig Spaß gemacht.

Auch unsere neuen Gäste machen uns wirklich Freude. Wir dachten, vier junge Kerle im Urlaub, das könnte in lautstarken Saufgelagen enden. Aber die Jungs sind wohlerzogen, leise und freundlich. Sie fragen, ob sie die Kajaks benutzen dürfen. Klar, Ralf hilft ihnen, die Boote mit der Transportrolle zum Wasser zu bringen. Kracks, die Achse der Transportrolle ist gebrochen. Endlich mal wieder was zu reparieren. Dann werden die Kajaks eben nicht zum Strand gerollt, sondern getragen.

Dann befinden wir: „Heute ist Tag der Literatur" und lesen ein Buch. Später, am Nachmittag steht noch eine kleine Radtour zum Tanjung Rhu Beach an. Dazu ist natürlich wieder eine gewisse Vorarbeit notwendig, denn auch die Fahrräder befinden sich in einem runtergekommenen Zustand.

Das Klima nagt an der Substanz und zerfrisst wirklich alles. Ralf macht erstmal Testfahrten mit den vier Mountainbikes, dann werden Schaltungen und Bremsen so gut es geht gangbar gemacht. Anschließend spielen wir 2 aus 4, suchen uns also die beiden brauchbarsten Räder aus. Jetzt nur noch die Sättel austauschen und auf die richtige Höhe bringen. Zack, zack, schon fertig.

Die Radtour macht echt Spaß. Wind in den Haaren, links Palmenwälder, rechts Mangroven und der Strand in Tanjung Rhu ist wirklich idyllisch und einen Besuch wert. Im Anschluss gibt es noch die Abendrunde für HobNob. Dann genehmigen wir uns als Sundowner einen Gin Tonic gefolgt von Nachos mit einem Glas Chablis. Der gelungene Abschluss eines interessanten und schönen Tages im Paradies. So werde ich meinen heutigen Geburtstag noch lange im Gedächtnis behalten.

Nur der Muezzin ist gerade mal wieder besonders ausdauernd. Inzwischen gelingt es uns manchmal, über die Beschallung hinwegzuhören, doch meistens gewinnt er dann doch wieder die Oberhand.

Ralfs Randnotiz:
Jack hatte mich eindringlich darauf hingewiesen, immer eine Rattenfalle vor dem Haus aufzustellen. Allerdings nicht etwa, weil die frechen Nager Krankheiten übertragen, Lebensmittel wegfressen oder gar Schlangen anlocken. Nein, die Lebendfalle soll verhindern, dass die Ratten ein Nest im Fußraum seines Oldtimers bauen.
Also habe ich brav vom ersten Tag an eine Falle direkt neben dem Auto platziert. Als Köder verwende ich ein Stück Banane, denn malaysische Ratten lieben Bananen. Leider hakt der Schnappmechanismus des quadratischen Käfigs wegen akutem Rostbefall. Die verdammten Viecher haben mir schon vier Bananenstücke gemopst. Doch jetzt schlage ich zurück: Ich stelle die Falle so wacklig auf dem unebenen Untergrund auf, dass sie beim Betreten nach vorne kippt. Außerdem öle ich den Schnappmechanismus. Jetzt wollen wir doch mal sehen, wer schlauer ist.
Aktuelles Resultat: Ratten – Ralf 4:0.

Montag, 20.05.

HobNob träumt schlecht und bellt mitten in der Nacht. Als ich nach dem Rechten sehe, kommt er schnell angetrabt und will kuscheln. Wer weiß, was er wieder angestellt hat und im Traum verarbeiten musste.

Morgens starte ich meinen ersten Laufversuch bei diesem Klima. HobNob läuft brav mit durch die Mangroven, obwohl er ja morgens an den Strand gewöhnt ist. Es klappt ganz gut, doch nach gut drei Kilometern bin ich platt. HobNob mit seinem dichten Fell trottet ebenso erschöpft mit mir nach Hause, Ralf läuft noch eine Runde.

Sari schickt mir eine Nachricht, dass sie aufgrund starken Regens erst heute Nachmittag kommt. Ich kann mit der Aussage zu den Regenfällen nicht viel anfangen, denn bei uns scheint die Sonne. Sari ist halt immer für eine Überraschung gut.

Nach dem Frühstück ist erstmal lesen angesagt, ich schlafe prompt nochmal ein. Laufen ist bei der Witterung eine echte Herausforderung und die nächtliche Unterbrechung hat sich wohl auch nicht leistungsfördernd ausgewirkt.

Nach dem Mittagssnack fahren wir zum Craft Complex, das ist ein riesiges, palastartiges Gebäude. Im Innern befinden sich jede Menge Verkaufsstände mit einer großen Auswahl an lokal hergestellten Waren, die traditionelle Weberei, Malerei und Holzschnitzerei umfassen. Alles zu erschwinglichen Preisen. Außerdem kann man den Batikkünstlern bei der Arbeit zuschauen und durch Museen schlendern.

Wir haben beschlossen, den Complex in Etappen zu erforschen und nochmal wieder zu kommen, denn es ist von Ayer Hangat aus quasi um die Ecke. Sehr befremdlich in diesem riesigen Gebäude ist, dass wir gefühlt ganz alleine dort sind. Es gibt Verkaufsstände ohne Ende und erst nach und nach entdecken wir auch die dazugehörigen Händler, die still in irgendwelchen Ecken hocken und für uns im ersten Moment überhaupt nicht zu sehen sind. Von weiteren Besuchern gibt es keine Spur. Sehr merkwürdig.

Nachmittags ist Sari eingetrudelt und tut das, von dem sie meint, es wäre sinnvoll. Für Ralf und mich ist endlich mal wieder Gartenarbeit angesagt. Aber heute streiken alle ach so leistungsstarken und nützlichen Gartenhelfer. Der Laubbläser springt nicht an, der Rasenmäher springt nicht an und dieser Rasentrimmer hat nur eine Akkukapazität von gefühlten 3 m². Gaaanz ruhig, dann machen wir eben was anderes. Ich sammle Palmwedel und Ralf allerlei andere Grünabfälle.

HobNob ist bockig und hört nicht auf mich. Er hat sich vorgenommen, eine kleine Echse aus ihrem Erdloch zu holen und buddelt auf dem Rasen ein ordentliches Loch. Er buddelt einfach weiter, egal was ich auch sage. Jetzt bin ich sauer, der Abendspaziergang ist gestrichen – eine hoffentlich angemessene pädagogische Maßnahme für Gehorsamsverweigerung.

Die TV-Anlage funktioniert nicht mehr, da die Sicherung beharrlich rausfliegt. Vermutlich sind immer noch ein paar Kabel nass. Wir haben bisher noch keine ausdauernden Anstrengungen unternommen, um das wieder in Gang zu bringen, da wir an Netflix nicht so sehr interessiert sind und Fernsehempfang hier sowieso nicht vorhanden ist. Also probieren wir mal was anderes und gucken am Abend einen Film auf dem Tablet und können unsere Bluetooth-Lautsprecher das erste Mal ausprobieren. Dann bin ich auch schon wieder müde.

Dienstag, 21.05.
Auch diese Nacht wird HobNob wieder durch irgendetwas aufgeschreckt und bellt, doch er ist brav und kommt sofort zu mir, als ich ihn rufe.

Morgens ist totale Ebbe und wir gehen mit Ball und Müllbeutel Richtung Black Sand Beach bis zu den großen Granitkugeln am Ende der Bucht. HobNob ist heute anständig und hört aufs Wort. Hat die pädagogische Maßnahme gestern etwa wirklich gefruchtet?

Nach diesem ausgiebigen Strandspaziergang gibt es erstmal ein gutes Frühstück, dann ein bisschen lesen, bevor wir uns an die

ewige Gartenarbeit begeben. Das ist wieder sehr schweißtreibend, nur in einer Sauna könnte man noch mehr Schweiß
produzieren. Zur Abkühlung geht es in den Pool. Eigentlich
unglaublich, dass man 29 Grad Wassertemperatur als erfrischend empfinden kann, aber vor ein paar Tagen hatten wir
noch über 30 Grad.

Nachmittags gehe ich zum Ramadan Markt, um das Abendessen
zu sichern. Da unsere Gäste noch da sind und Ralf auch
unterwegs ist, muss ich HobNob oben einsperren. Er lässt sich
unter dem Sofa nieder und rollt sich zusammen.

Als ich zurückkomme, wartet unser treuer Hund schon sehn-
süchtig auf seinen Abendspaziergang. Ok, dann gehen wir noch
mal los.

Abends haben wir uns mit Olivia und Jack zu einem Videocall
verabredet, doch die glänzen durch Abwesenheit. Na ja, sie
haben ja auch Urlaub.

Ralfs Randnotiz:
*Gestern Morgen war der Bananenköder in der Rattenfalle noch
vorhanden, heute Morgen ist er weg. Aber anders als bei den vier
Diebstählen zuvor habe ich den Täter diesmal geschnappt.
Verängstigt hockt der Nager im Käfig, aber nicht mehr lange. Ich
bringe meine Premieren-Ratte in den Mangrovenwald und
wünsche ihr zum Abschied alles Gute.*
Aktuelles Resultat: Ratten – Ralf 4:1.

Mittwoch, 22.05.
Die Nacht ist wieder unruhig, es gibt ein tierisches Gewitter über
viele Stunden. Es schüttet aus Eimern und der Strom fällt mal
wieder aus.

Wir schnappen uns die Stirnlampen und stehen auf. Stromausfälle werden langsam zur Routine, wir wissen inzwischen
blind, wie wir die Sicherungen im Schaltkasten setzen müssen,
damit es wieder läuft. HobNob ist bei Gewitter immer ängstlich.
Wir holen ihn ins Schlafzimmer und er ist froh, sich vor dem Bett

zusammenrollen zu dürfen. Dann können wir ja endlich weiterschlafen.

Morgens regnet es immer noch, deshalb verkürzen wir den Strandspaziergang. Als Sari kommt, sitzen wir noch beim Frühstück, heute sind wir mit allem etwas später dran. Sie bereitet das Zimmer am Pool für die House-Exchange Aussies vor, denn unsere nächsten Gäste sind Australier, die im Haupthaus wohnen werden. Sie haben noch ein „Wohnrecht" von einer Woche, basierend auf einem Haustausch, den sie mit Olivia und Jack gemacht haben. In dieser Zeit werden wir ins Beachhouse übersiedeln.

Nachdem Sari eine gefühlte Stunde Bettwäsche gebügelt und das Zimmer am Pool vorbereitet hat, „reinigt" sie noch das Beachhouse, denn unsere vier jungen Kerle sind bereits abgereist. Die waren echt pflegeleicht, wir haben sie kaum gesehen. Jedenfalls waren sie mit dem Aufenthalt sehr zufrieden. Weitere vier Likes gesammelt!

Ich wasche vier Maschinen Wäsche. Es wird auch alles schnell trocken, das ist bei der hohen Luftfeuchtigkeit keine Selbstverständlichkeit. Dann kommt die Sonne raus, es ist brüllend heiß und der Schweiß läuft mal wieder in Strömen.

Nachmittags fahren wir nach Kuah zum Einkaufen. Dort ergattern wir noch je einen Karton 2012er Chablis und 2011er Pinot Noir für den Sensationspreis von 8 Ringgit die Flasche. Ok, manchmal bröselt der Korken, aber der Wein ist noch einwandfrei. Das grenzt schon an Dekadenz.

Später beziehe ich das Bett im Beachhouse, denn am Freitag ziehen wir um.

Dann geht's auf einen Abendspaziergang mit HobNob, der ist wegen der Hitze wieder ruckzuck platt, aber brav. Plötzlich wird er jedoch seltsam, zerbeißt seinen Ball und zerfetzt eine Fußmatte. Außerdem kommt er ständig angewackelt und will abwechselnd spielen und Streicheleinheiten. Keine Ahnung, ob er schlecht geträumt hat oder ob er von einer Sinnkrise heimgesucht wurde.

Abends findet doch tatsächlich der Videocall mit Jack statt. Was sind schon 24 Stunden Verspätung! Er erklärt uns, wie wir die Glotze wieder ans Laufen bekommen. Seit dem ersten Stromausfall geht da nichts mehr, keines der Geräte reagiert noch auf irgendwelche Befehle. Jacks Heiligtum ist eine abenteuerliche Konstruktion verschiedenster technischer Geräte, die wild zusammengestöpselt sind. Da die Sicherung in schöner Regelmäßigkeit wieder rausfliegt sobald es regnet, haben wir noch keine großen Aktionen unternommen, um das wieder in Gang zu bringen. Als Fern-Diagnostiker per Videochat macht Jack jedenfalls einen guten Job. Nachdem wir die notwendigen Erklärungen erhalten und umgesetzt haben, läuft die Flimmerkiste wieder.

Zur Feier des Tages machen wir eine Expedition in die große, moderne Streaming-Welt. Netflix ist ja echt der Hammer, so ein Spaß! Wir haben hier und da mal kurz reingeguckt und schließlich beschlossen, das ist uns zu anspruchsvoll! Dann doch lieber YouTube, da finden wir ein paar alte deutsche Straßenfeger, ältere Tatortausgaben und so manches mehr. Das ist schon eher unser Ding.

Donnerstag, 23.05.
Der heutige Strandspaziergang macht mal wieder so richtig Spaß. Die Sonne scheint und HobNob zeigt eine hohe Laufbereitschaft, wenn der Ball fliegt. Auf dem Rückweg jedoch legt er sich plötzlich hin und buddelt ein Loch in den Sand, vermutlich verfolgt er einen Krebs. Wir lassen ihn buddeln und gehen allein zurück, er wird schon nachkommen. Unterwegs sammeln wir noch die tägliche Portion Müll ein, was die gute Laune immer ein wenig beeinträchtigt.

Unser Streuner ist immer noch nicht zurückgekommen, also gehe ich ihn holen. Er verschwindet schon fast in seinem Loch, da hat er aber ganz schön eifrig gebuddelt. Fleißiger HobNob. Das schreit nach einer ordentlichen Dusche, um unser zotteliges Fellknäuel vom Sand zu befreien. Glücklicherweise lässt er das stoisch über sich ergehen und genießt sogar das Trockenrubbeln mit dem Handtuch.

Nach dem Frühstück inspiziere ich mal das Beachhouse. Kaum zu glauben, dass Sari hier „geputzt" haben will. Da schwinge ich erstmal den Lappen, sonst ziehen wir hier nicht ein. Je genauer wir die Räumlichkeiten betrachten, desto mehr Arbeit kommt auf uns zu. Also mache ich eine spontane Grundreinigung, davon profitieren auch die nachfolgenden Gäste und es erhält den Wert der Immobilie.

Am Nachmittag schleppen wir einen Teil unserer Sachen rüber und fangen an, die Idee des Haustauschs zu mögen.

Das Beachhouse ist zwar deutlich kleiner als das Haupthaus, dafür bietet es eine ganz andere Perspektive und einen besseren Blick auf die Andamanensee. Irgendwie romantischer. Außerdem kann man die Türen schließen und hat dann einen geschlossenen Raum. Das hat auch Charme. Wer hätte gedacht, dass uns geschlossene Türen mal erfreuen würden.

Dagegen ist das Haupthaus so offen gebaut, dass man eigentlich immer irgendwie draußen ist, auch wenn man sich mitten im Haus befindet.

Ralfs Randnotiz:
Die Rattenfalle ist nach meiner Spezialbehandlung wieder voll funktionstüchtig, erneut sitzt ein Bananendieb drin. Diesmal bringe ich den Nager zu einer Böschung am Black Sand Beach. Aktuelles Resultat: Ratten – Ralf 4:2.

Freitag, 24.05.

Heute Morgen geht alles im Schnelldurchlauf, kurzer Strandspaziergang mit HobNob, dann schaffen wir die restlichen Sachen rüber ins Beachhouse, schnell frühstücken und schon geht es zum Flughafen.

Wir kommen pünktlich an, die Maschine ist schon gelandet, als ich die Ankunftshalle betrete. Das nenne ich mal Timing. Da kommen auch schon unsere Australier. Coco und Ted, ein Pärchen gesetzten Alters, die hundemüde und ziemlich desorientiert sind. Ich frage, ob sie noch etwas benötigen, bevor wir zu Ralf und dem Auto gehen, denn in Ayer Hangat gibt es ja weder ATM's, noch vernünftige Einkaufsmöglichkeiten. Sie brauchen Bargeld, das sollten wir hier am Flughafen erledigen. Es dauert eine gefühlte halbe Stunde, bis wir dem Geldautomaten schließlich Geld entlockt haben, mal wird die falsche PIN eingegeben, mal wird das Gerät nicht richtig bedient. Ich versuche geduldig zu bleiben und muss innerlich schmunzeln. Wenn man sich um Gäste kümmert, ist der Zeitbedarf immer schlecht einzuschätzen. Flexibilität ist gefragt. Ralf wird sich wundern, warum wir nicht kommen. Doch irgendwann ist auch das geschafft und wir schlurfen zum Auto. Ted ist nicht so gut zu Fuß, es geht nur langsam voran.

Dann fahren wir noch zum Supermarkt in Matsirat zum Einkaufen, denn die beiden brauchen Proviant. Auch das wird eine Geduldsprobe, denn sie sind nach wie vor orientierungslos und können sich nur schwer einigen, was sie nun wollen oder auch nicht. Sie stellen mir tausend Fragen und Ted ist gegenüber der Kassiererin auch noch herablassend und unfreundlich. Das macht mich etwas wütend und ich muss mich zusammenreißen, um nichts zu sagen. Als wir dann die Einkäufe endlich im Auto verstaut haben, fahren wir auf direktem Weg nach Hause. Ich habe entschieden, die geplante Inselrundfahrt zu streichen. Wir wollen erstmal sehen, ob ihr Verhalten den Reisestrapazen geschuldet ist oder ob sie generell schwierige Charaktere sind. Bei unserer Ankunft ist HobNob erfreulich geschmeidig mit den beiden. Wir machen dann eine Hausbegehung, erklären, worauf zu achten ist und wie was funktioniert, dann verziehen wir uns in unser „neues" Zuhause, das Beachhouse.

HobNob muss ich einsammeln, weil er noch nicht kapiert hat, dass wir umgezogen sind. Er hockt noch im Haupthaus, kommt aber anstandslos mit, als ich ihn rufe.

Ansonsten verläuft der Nachmittag ohne besondere Vorkommnisse und wir genießen unseren ersten Sundowner auf der Terrasse des Beachhouses, das hat durchaus seinen Charme. Sehr schön!

Samstag, 25.05.
Die erste Nacht im Beachhouse war erholsam, die Nähe zum Meer ist doch immer wieder schön. Das Meeresrauschen sorgt sofort für Urlaubsgefühle, herrlich. Dann übertönt ein Gewitter das Meeresrauschen, doch Coco und Ted, unsere Gäste im Haupthaus, haben Jetlag und verschlafen das Getöse komplett. Wir machen uns auf zum Strandspaziergang mit HobNob, dann gibt es Frühstück. Der übliche Tageseinstieg, nur eben mit verändertem Standort. HobNob hat sich auch schon dran gewöhnt und hockt sich auf die Treppe am Beachhouse.

Nachmittags übe ich mich nochmal in Gartenarbeit und mähe weiter an dem Seitenstreifen. Das ist wieder mühsam, denn die Akkureichweite des Gerätes ist überschaubar, so dass ich schon bald die zwei vorhandenen Akkus geleert habe und wieder in die Zwangspause geschickt werde. Egal, ich bin eh wieder durchgeschwitzt, aber heute gibt's keine Abkühlung im Pool, denn im Haupthaus, wo sich der Pool befindet, wohnen nun unsere Gäste. Währenddessen hat Ralf sein erstes Erfolgserlebnis mit dem Oldtimer. Diesmal springt er fast auf Anhieb an. Ralf macht den Vettel, gibt ordentlich Gas und der Motor röhrt wie wild. Dann lässt er ihn die gewünschten zehn Minuten laufen.

Abends drehen wir noch die Mangrovenrunde mit HobNob und kehren durch die Reisfelder zurück. Arbeitsüberlastung war heute mal kein Thema, in Summe war es ein gelungener Tag.

Ralfs Randnotiz:
Kajakfahren auf dem Meer, das ist eine sportliche Aktivität so ganz nach meinem Geschmack. Susanne will nicht so recht, wir hatten mal eine negative Erfahrung in der Bucht von Auckland, aber das ist eine andere Geschichte. Also paddle ich alleine los, was von HobNob allerdings bemerkt wird. Und so begleitet mich unsere treue Seele am Strand. Allerdings sind zu dem Zeitpunkt relativ viele Leute dort unterwegs. Das ist mir nicht ganz geheuer, der kleine Racker neigt ja manchmal zu unüberlegten Aktionen. Also kehre ich um und bringe HobNob und das Kajak unbeschadet wieder nach Hause. Beim nächsten Mal werde ich mich unbemerkt vom Grundstück schleichen müssen.

Sonntag, 26.05.
Der Tag beginnt mit einem Strandspaziergang mit HobNob – das ist echt immer ein angenehmer Muntermacher. Gestärkt vom anschließenden Frühstück, sind wir bereit für die Gartenarbeit. Ich mähe den Seitenstreifen fertig, ein weiteres Etappenziel ist erreicht.

Ralf gelingt es mit Teds Hilfe, wenigstens den alten Reserverasenmäher in Gang zu bringen. Ganz ohne Rasenmäher wären wir aufgeschmissen, denn die Grünflächen sind riesig, mit der Peitsche wäre man vermutlich einen Monat lang beschäftigt. Einmal in Fahrt, mäht Ralf noch ein großes Stück am Beachhouse, es geht voran.

Nun haben wir uns aber eine Mittagspause verdient, es gibt leckere Snacks, dann ein paar Seiten lesen, etwas schlafen. Wir haben den Tropentagesrhythmus schon gut verinnerlicht.

Nachmittags fahren wir nochmal los, nehmen HobNob mit und entdecken einen schönen Park zum Wandern. Hier findet unser Struppi fremde Gerüche und wir zufällig den Startpunkt für den Aufstieg zum Gipfel des Gunung Raya. Na, so ein Spaß, auf der Karte ist der Single-Trail ganz woanders eingezeichnet.

Der Aufstieg über den schmalen Pfad bis zur höchsten Spitze der Insel ist aber heute nicht mehr zu schaffen, also bleiben wir unten. Dafür entdecken wir neben den bekannten Makaken noch weitere Affen, sie sind ganz schwarz, haben aber weiße, lange Haare und sehen fast wie Punker aus. HobNob schnüffelt ganz aufgeregt und genießt die neuen Gerüche und Eindrücke dieses Parks.

Als wir wieder zuhause sind, laden uns Coco und Ted noch auf ein Glas Wein ein. Wir schwatzen ein bisschen, und es stellt sich heraus, dass Coco Lehrerin war und Ted Schauspieler. Jetzt, als Rentner, reisen sie um die Welt. Zu dem Thema können wir natürlich auch eine Menge beitragen und es entwickeln sich rege Gespräche. Interessante Menschen. Und entgegen des Eindrucks am Tag ihrer Ankunft sind es doch tolle Typen, echte Aussies eben.

Montag, 27.05.

HobNob war diese Nacht sehr unruhig und ist heute Morgen extrem anhänglich. Keine Ahnung, was er hat. Ralf sorgt dafür, dass er Bälle und Wellen jagt, das bringt ihn wieder in die Spur. Die Flut lässt aber nicht genügend Platz zum weiträumigen Ballspielen am Strand, also wird es nur ein kurzer Spaziergang. Dann geht Ralf noch eine Runde laufen, bevor es Frühstück gibt. Wir haben Coco und Ted angeboten, sie heute Mittag mit nach Kuah zu nehmen.

Aber erst kommt Sari. Ich bringe sie zum Haupthaus und lasse sie dort reinigen. Coco stellt fest, dass sie nicht besonders schnell ist und gerne „runde Ecken" putzt. Das hatte ich Coco schon vorsichtig erklärt, aber jetzt erst versteht sie, was ich ihr sagen wollte. Nun ja, andere Länder, andere Vorstellungen von Sauberkeit.

Nachdem Sari weg ist, essen wir noch schnell eine Kleinigkeit, dann geht es los. Unterwegs halten wir wieder am Wat Koh Wanararm Tempel, denn die riesige in den Fels gehauene Buddha-Statue wollen wir ihnen nicht vorenthalten. Die beiden sind ebenfalls beeindruckt, bedanken sich für den Abstecher und wir kommen immer besser miteinander klar.

Dann fahren wir noch tanken. Ted will sich unbedingt an den Spritkosten beteiligen, ein echter Teamplayer. Wir fahren nach Kuah, parken auf dem neulich entdeckten Platz gegenüber des Einkaufszentrums und schlendern erstmal zum Eagle Square mit dem riesigen Seeadler, dem Wahrzeichen von Langkawi. Auf einem sternförmigen Steg direkt am Wasser wacht ein zwölf Meter hoher Adler über die Hafeneinfahrt. Die Statue hat eine Spannweite von 20 Metern und ist eines der beliebtesten Fotomotive auf der Insel.

Der Adler, den man an vielen Orten Langkawis live am Himmel beobachten kann, ist sogar Namensgeber der Insel: „Lang" bedeutet Adler und „kawi" rotbraun. Wir haben Glück, der Platz ist heute nicht so überlaufen und die beiden sind auch hier wieder „impressed".

Dann gehen wir noch einkaufen. Ralf zerrt aus der hintersten Ecke des Liquor-Stores noch die vermutlich letzte Kiste Chablis hervor, wir können an dem Angebot einfach nicht vorbeigehen, nur 8 Ringgit die Flasche, so ein Spaß. Die Freude vergeht uns aber schnell, als wir zurück am Auto sind. Wir haben einen saftigen Strafzettel von 40 Ringgit an der Windschutzscheibe kleben, na toll. Der Parkplatz ist anscheinend doch gebührenpflichtig, allerdings steht nirgendwo, wann man bezahlen muss und wie man bezahlen kann.

Nun haben wir den Salat, das Knöllchen ist komplett in malaiischer Sprache geschrieben. Wir verstehen nix, nur die 40 Ringgit sind schön hervorgehoben und springen uns ins Auge. Ralf spricht einen Engländer an, der gerade zu seinem Auto geht, und fragt, was zu tun ist. Glücklicherweise kennt er sich aus und ist zudem hilfsbereit. Er fährt ca. zwei Kilometer bis zum Amt für Verkehrsdelikte vor uns her, dort kann man die Strafzettel bezahlen. Ich gehe mit ihm zusammen rein und jetzt kommt's: Er handelt spontan einen Discount für uns aus.

Die Beamtin fragt nicht, was der Grund für die gewünschte Halbierung der Geldstrafe ist, sie akzeptiert einfach. Man stelle sich die Situation mal in Deutschland vor. Jedenfalls müssen wir jetzt nur noch 20 Ringgit bezahlen. Freude. Aber so ganz ohne Komplikationen kann es in einer Behörde natürlich nicht zugehen. Der Counter für Einzahlungen hat schon geschlossen. Ärger. Also müssen wir morgen nochmal nach Kuah. Doppelter Ärger. Jedenfalls haben wir einen äußerst interessanten Erstkontakt mit der malaysischen Bürokratie. Ted ist immer noch Teamplayer und beteiligt sich an dem Knöllchen.

Dann versuchen wir eine Bank für die beiden zu finden, die ihre Kreditkarte akzeptiert. Wir nehmen mehrere Anläufe, aber leider vergeblich. Das ewige Drama mit der mangelnden Akzeptanz für internationale Kreditkarten bei den Banken Malaysias ist auch heute wieder präsent.

Es wird nun Zeit nach Hause zu fahren, HobNob hat schon verdammt lange sturmfreie Bude. Als wir ankommen, liegt er treu auf der Treppe und hat auf uns gewartet. HobNob, der gute Housesitter. Er freut sich wie Bolle, dass wir wieder da sind. Das muss belohnt werden. Wir machen uns gleich auf zu einem ausgedehnten Abendspaziergang.

Ralfs Randnotiz:

Der freundliche Engländer klärt uns auf, wie das mit den Parktickets in Kuah funktioniert: Man kauft sich eine Zehnerkarte im Straßenverkehrsamt und darf dann sein Auto zehn Mal auf bestimmten Parkplätzen für einen definierten Zeitraum abstellen. Natürlich muss man auf der Zehnerkarte notieren, wann und um wieviel Uhr man den Wagen abgestellt hat und dieses Dokument gut sichtbar im Cockpit platzieren. Sonst gibt's ein Knöllchen. Parkscheinautomaten sind überflüssig und eigenverantwortliches Handeln wird gefördert, tolles System.

Dienstag, 28.05.

Wir wollen schon früh nach Kuah fahren, um die Verwarnung für unsere Ordnungswidrigkeit zu bezahlen. Also alles im Schnelldurchlauf, kurzer Strandspaziergang, Frühstück, dann soll es losgehen. Ich sitze auf der Terrasse und ziehe mir gerade die

Schuhe an, da sehe ich einen merkwürdigen Kopf aus dem Meer ragen und wieder verschwinden. Das will ich genauer wissen. Der Kopf taucht wieder auf, nun näher am Strand und ehe ich mich versehe, steigt ein ziemlich großer Otter aus dem Wasser und stellt sich auf seine Hinterbeine wie ein Erdmännchen. So ein Spaß, ich schaffe es gerade noch, Ralf zu rufen, damit er den Auftritt nicht verpasst. Dann ist der Otter auch schon zum Fluss geflitzt und schwimmt in ordentlichem Tempo davon. Herrlicher Start in den Tag!

Ab nach Kuah! Hier steuern wir erstmal die Verkehrssünder-Zahlstelle an. Die Damen erkennen mich natürlich gleich wieder, dann beginnt der Papierkram. Ich lege unser Knöllchen vor, dann muss ich noch einen Extrazettel mit allen möglichen persönlichen Daten ausfüllen, um den gestern ausgehandelten Discount zu bekommen. Bewaffnet mit inzwischen drei mehrfach gestempelten Zetteln, werde ich nun eine Tür weiter geschickt zum Counter, wo der Zahlmeister sitzt. Da gebe ich alle meine Zettel ab, zahle die vereinbarten 20 Ringgit und bekomme einen halben Zettel (der wurde einfach durchgerissen, vielleicht mangels Schneidwerkzeug?) als Quittung zurück. Auch eine Erfahrung.

Dann wird im Supermarkt am Kinokomplex eingekauft, bevor wir einen Abstecher zur Touristenhochburg Pantai Cenang machen. Zuerst fahren wir zum Bootsanleger für Islandhopping und vergleichen die Angebote. Es sind ausschließlich Touren für größere Gruppen oder die Startzeit ist erst in ein paar Stunden, daher kommen wir nicht ins Geschäft.

Dann geht es weiter Richtung Strand von Pantai Cenang. Links und rechts der Straße verdrängt rege Bautätigkeit die Idylle, viele mehrstöckige Hotelanlagen wachsen in den Himmel. In Pantai Cenang selbst bietet sich uns ein ähnliches Bild: Kleine Garküchen, fliegende Händler und einfache Bars hatten diesen Ort mal auf die Traveller-Landkarte gezaubert. Inzwischen mussten sie internationalen Fastfoodketten und elitären Lounges weichen. Die Beschaulichkeit ist verschwunden und damit auch die Faszination. Also verschwinden auch wir. Wir halten noch kurz in Matsirat beim chinesischen Supermarkt und kaufen ein bisschen Räucherlachs als kleine Auflockerung der malaysischen Diät.

Ralfs Randnotiz:
Langkawi befindet sich im Wandel. Obwohl die Tourismus- branche bereits jetzt der Haupterwerbszweig der Insel ist, werden immer noch weitere große Hotelanlagen aus dem Boden gestampft. Der Staat lockt Unternehmen mit Steuerermäßi- gungen, damit sie sich ein Urlaubsresort auf Langkawi zulegen und ihren Angestellten zur Verfügung stellen. Zudem erfreut die Insel seine Besucher als Freihandelszone. Elektronikartikel, Schokolade und Alkohol sind in Malaysia nirgends billiger als hier. Der Bauboom sorgt natürlich auch für die Verdrängung der einfachen Guesthouses, dadurch verändert sich zwangsläufig die Besucherstruktur. Zahlungskräftige Urlauber statt Rucksack- touristen ist die Devise. Künstlich erzeugte Nachfrage als erfolgreiches Zukunftsprojekt? Die Skepsis überwiegt.

Mittwoch, 29.05.
Unser morgendlicher Spaziergang endet mit einer kleinen Sprinteinlage, es fängt an zu regnen und zwar nicht zu knapp. Wir kommen gerade noch rechtzeitig wieder nach Hause, bevor die Himmelsschleuse aufgeht.
Vormittags wollen wir mit den beiden Aussies eine Mangroven- tour machen. Wir warten den Regenschauer ab und fahren dann zu Sam, dem Bootsvermittler. Ralf hat einen super Nebensaison- preis ausgehandelt, wir zahlen für das Boot nur 180 Ringgit. Dafür erwartet uns eine wirklich tolle Tour in den Kilim Geoforest Nationalpark.
Sam schickt seinen Bootsführer Tan los und der holt uns direkt am Strand ab. Dann geht es mit Vollgas übers offene Meer Richtung Mangroven. Zunächst steht eine Fischfarm auf dem Programm. Hier bin ich immer sehr zwiegespalten. Einerseits ist

es interessant, die kuriosesten Meeresbewohner so hautnah erleben zu können, andererseits ist es einfach nur Tierquälerei.

Ralf streichelt einen bizarren Hai (glatte Haut) und einen Mantarochen (raue Haut). Dann geht es weiter, immer die Nasen im Wind. Eine tolle Landschaft, bestehend aus Kalkstein-hügeln und tropischem Regenwald zieht an uns vorüber. Die Seeadler sind das nächste Highlight. Leider ist hier Touristen-belustigung angesagt. Von anderen Booten aus werden die Könige der Lüfte angefüttert, damit sie schön nah zum Fotoshooting kommen. Ist natürlich verboten, da die Vögel dadurch ihren natürlichen Jagdinstinkt verlieren und wir uns zudem in einem Naturreservat befinden.

Unser Captain Tan missbilligt das Vorgehen seiner Kollegen ebenso wie wir. Er steuert uns zu einem ausladenden Baum, auf dem einträchtig einige Seeadler in verschiedenen Größen hocken. Beeindruckende Tiere. Wir belästigen Familie Seeadler nicht länger und fahren weiter. Die Wasserwege werden schmaler, die Mangroven dichter. Tan respektiert das und drosselt die Geschwindigkeit in dem sensiblen Ökosystem deutlich. Während wir Richtung Fledermaushöhle tuckern, können wir entspannt das Panorama genießen und einige

Makaken-Affen beobachten, die von Ästen aus ins Wasser hüpfen. Denen ist es auch heiß. Am Eingang zur Höhle müssen wir 2 Ringgit pro Person Eintritt bezahlen, das ist ein moderater Preis. Die Höhle ist nicht sonderlich groß, aber hoch genug, dass man sich nicht ständig den Kopf stößt und die nachtaktiven Tiere da oben ein geschütztes Rückzugsgebiet haben. Es hängen nicht allzu viele Fledermäuse unter der Decke und überraschenderweise stinkt es auch gar nicht, eine angenehme Kombination. Es führt noch ein Holzsteg einige Meter durch die Mangroven, dann geht's zurück durch die Höhle und wieder ins Boot.

Weiter geht es durch den Kilim Geoforest Nationalpark Richtung Krokodilhöhle. Wir haben die Startzeit für die Tour so gewählt, dass wir die flache Höhle bei Ebbe durchfahren können. Auch das hat sich gelohnt. Dann fährt Tan mit Höchstgeschwindigkeit in einem weiten Bogen über das offene Meer der Andamanensee. Mit fliegenden Haaren nähern wir uns wieder dem Tanjung Rhu Beach. Eine wirklich tolle Tour für einen sehr guten Preis – Vielen Dank an Tan, unseren freundlichen Bootsführer!

Auf dem kurzen Weg nach Hause buhlt noch eine Affenfamilie mit kleinen Babys am Wegesrand um unsere Aufmerksamkeit. Das nutzen wir natürlich für einen weiteren vergnüglichen

Fotostopp. HobNob freut sich wie Bolle, als wir zurückkommen. Jetzt gehört unsere Aufmerksamkeit erstmal ihm.

Donnerstag, 30.05.

In der Nacht hat es aus Eimern geschüttet und auch am Vormittag will sich die Himmelsschleuse nicht schließen. HobNob hat sich bei uns verkrochen und das Rasengrundstück hat sich in eine Seenlandschaft verwandelt. Ist irgendwie auch idyllisch. Ted kommt durch den Regen rüber zum Beachhouse und informiert uns über Stromausfall im Haupthaus.

Glücklicherweise kennen wir uns inzwischen mit den Sicherungen aus und können alles schnell wieder in Gang bringen, nur diese eine störrische Sicherung will mal wieder nicht funktionieren.

Irgendwann setzt sich die Sonne gegen die Regenwolken durch und die Schwüle schlägt mit voller Wucht zu. Obwohl uns die Sonne ein Lächeln ins Gesicht zaubert, ist dieses feuchtheiße Klima für den Körper schlimmer als der Dauerregen. Ralf geht nachmittags alleine mit HobNob zum Strand. Da können sich die Jungs ausgiebig mit dem Ball austoben. Tun sie auch.

Als die beiden zurück sind, mache ich mich auf den Weg zum Ramadanmarkt, um Essen einzukaufen. Das erweist sich jedoch als Flop, denn erstens bin ich spät dran und zweitens ist heute nur etwa die Hälfte der Stände besetzt. Außer einer Tüte Donuts kann ich nichts Brauchbares erwerben und muss nun improvisieren.

Ein Gin Tonic als Aperitif soll uns aufmuntern. Der lässt sich allerdings nur in Etappen genießen, denn plötzlich stehen vier Straßenhunde auf dem Grundstück. Mit HobNob als Anführer schaffen wir es, die Meute dauerhaft zu vertreiben. Dann bereite ich aus den noch vorhandenen Vorräten unser Abendessen zu. Interessant an solch improvisierten kulinarischen Kompositionen ist, dass die Zutaten nicht zwingend zusammenpassen. Und dann wird's spannend: Schmeckt's oder ist es ungenießbar? Heute ist es sehr lecker.

Ralfs Randnotiz:
Der Oldtimer hat Teds Interesse geweckt. Als guter Gäste-
betreuer zeige ich ihm den Motorraum des Roadsters und drücke
ihm den Zündschlüssel in die Hand. Schon quetscht er sich hinters
Steuer. Leider springt der Wagen mal wieder nicht an, aber Ted
ist trotzdem happy, setzt die Fliegerbrille auf und wir machen
lustige Fotos. Plötzlich bekommt er einen Wadenkrampf, kann
aber wegen seines Hüftleidens nicht eigenständig aussteigen.
Ich greife ihm im wahrsten Sinne der Bedeutung unter die Arme
und zerre ihn aus dem engen Cockpit. Auf den Schreck gönnen
wir uns erstmal eine Dose Bier. Und siehe da: Urplötzlich hat sich
der schmerzhafte Krampf verzogen.

Freitag, 31.05.
Heute reisen Coco und Ted schon wieder ab, also wollen wir
später wieder zurück ins Haupthaus ziehen. Wegen der Flut
gehen wir mit HobNob nicht zum Strand, sondern durchs Dorf
spazieren. Er ist gut drauf und läuft willig mit.
Dann gibt es Frühstück. Ralf kümmert sich anschließend um den
Pool, Backwash, Pumpenraum entwässern, Algen entfernen,
Poolboden saugen, Chlor zuführen und Wasserqualität prüfen,
damit wir heute Abend einen einladenden Pool zum Baden
haben.
Ich kümmere mich um die Sortierung im Beachhouse. Es ist
wieder ziemlich warm und ich gehe schon mal unter die Dusche,
damit ich frisch bin, wenn wir die beiden zum Flughafen bringen.
Soweit die Idee, doch dann gucke ich nach dem Duschen ganz
beiläufig zum Auto und traue meinen Augen nicht: Der linke
Hinterreifen ist platt.
Die unvorhergesehenen Reparatureinsätze nehmen ein Ausmaß
an, über das wir uns schon fast nicht mehr freuen können. Ich
gebe Ralf Bescheid, der noch im Pool zugange ist, und fange an,
die Vorbereitungen für den Reifenwechsel zu treffen. Diese
Aktion wird uns körperlich sowie mental an unsere Grenzen
bringen und zudem als „schwarzer Freitag" in die Geschichte der

Werkzeugindustrie eingehen. Aber das ahnen wir jetzt noch nicht.

Also: Ich entdecke das Notrad unter dem Auto, räume schon mal den Kofferraum aus, finde einen Wagenheber, Lappen und Decken. Die Decken sind nützlich als Unterlage, denn wir stehen aufgrund des Dauerregens der letzten Nacht im Schlamm. Radkreuz zum Lösen der Radschrauben – Fehlanzeige.
Zuerst versuche ich mein Glück im Oldtimer, da finde ich sogar einen Schraubenschlüssel. Der passt aber nicht, das wäre ja auch zu einfach gewesen.
Nächster Versuch, der Kleinwagen von Lucy und Angus, der noch unter dem Beachhouse geparkt ist. Hier werde ich tatsächlich fündig: Ein Radkreuz, wenn auch in ziemlich kleiner Ausführung. Ralf kommt rüber, wir wechseln jetzt mal eben den Reifen, zack, zack. Das Notrad ist aber widerspenstig und will den sicheren Platz am Unterboden nicht gegen den schlammigen Boden tauschen. Ralf liegt unter dem Wagen im Dreck, hantiert fluchend an der Haltevorrichtung des Ersatzrades und schwitzt sich kaputt, während er von Moskitos attackiert wird. Schließlich haben wir mit unermüdlichem herumdoktern und unter Zuhilfenahme der Bedienungsanleitung tatsächlich den Reifen unter dem Auto hervorgezaubert. Und es ist sogar Luft drin, jetzt geht's voran. Die Moskitos sind heute besonders

aggressiv, sie wollen uns wirklich auffressen, es ist ein Alptraum. Aber jetzt nicht ablenken lassen, weiter geht's mit den Radschrauben. Trotz mehrmaligem Einsatz des Wundersprays WD-40 sind die Schrauben nicht zu lösen, es ist wieder mal Einfallsreichtum gefragt. Wir nutzen einfach den Wagenheber, um das Radkreuz zu bewegen. Super Idee, nochmal WD-40 aufgesprüht, der Wagenheber drückt von unten, Ralf drückt von oben. Und schon ist der Kreuzschlüssel verbogen! Nach etlichen weiteren Versuchen funktioniert unser Trick doch noch, irgendwann haben wir alle fünf Radschrauben gelöst.

Jetzt mal eben das Auto hochbocken. Haha, leichter gesagt als getan, denn der tolle hydraulische Wagenheber hebt den Wagen nicht auf die benötigte Höhe. Und jetzt?

Wir müssen wieder improvisieren und entscheiden uns dafür, ein Loch unter dem platten Reifen auszuheben. Wir buddeln und buddeln, schwitzen unaufhörlich und lassen uns ordentlich von den Moskitos pieksen. Aber es reicht einfach nicht. Bis wir endlich schnallen, warum: Der hydraulische Wagenheber hält die Höhe nicht, er senkt sich immer wieder ab, so ein Spaß.

Also, neue Aufgabenverteilung: Einer buddelt, einer pumpt den Wagenheber. Jetzt muss es doch endlich klappen.

Nein. Die Spaten, die wir zum buddeln haben, sind nicht die erhoffte Hilfe: Einer ist verbogen, der nächste durchgerostet und bei dem aktuellen ist gerade die Schaufel abgebrochen, noch Fragen? Kurz durchatmen, einmal laut „An Tagen wie diesen wünscht man sich Unendlichkeit" singen und weiter geht's.

Schließlich gelingt es uns doch noch, den platten Reifen abzuziehen und das Notrad aufzuziehen. Geschafft, wir haben es tatsächlich geschafft!

Bilanz: Zwei Monteure nassgeschwitzt, völlig verdreckt und total zerstochen. Ein Radkreuz verbogen. Einen Wagenheber als untauglich entlarvt. Einen Spaten zerbrochen, einen verbogen. Eine Dose WD-40 versprüht. Tausendmal geflucht. Die Zeit reicht noch, um Coco und Ted rechtzeitig zum Flughafen zu fahren. Aber erst, nachdem wir geduscht haben. Ich will unbedingt den platten Reifen direkt mitnehmen. Das soll sich noch als gute Idee erweisen. Die Zwei sind schon ein wenig nervös geworden, als sich unsere Reifenwechselaktion so ungeplant in die Länge gezogen hat. Doch nun sind sie happy, alle an Bord, Gepäck verstaut und los geht es.

Auf dem Weg zum Flughafen legen wir wunschgemäß noch zwei Supermarktstopps ein: Souvenirs, Souvenirs. Jetzt aber Tempo, das Notrad hat nicht genügend Luft, mir ist nicht ganz wohl bei der Sache. Doch wir schaffen es pünktlich bis zum Flughafen. Zum Abschied bekommen wir von den beiden noch eine Flasche Wein und eine Einladung nach Melbourne. Vielen Dank und see you soon!

Dann machen wir uns auf die Suche nach einer Reifenwerkstatt, die freitags, also dem islamischen Sonntag geöffnet hat. Wir finden tatsächlich eine und tragen unser Anliegen vor. Kaum ausgesprochen, wieseln drei Reifenmonteure um den Wagen herum. In unglaublicher Geschwindigkeit passiert dann folgendes: Der platte Reifen wird aus dem Wagen geholt, geprüft, repariert und aufgepumpt, zeitgleich wird der Wagen auf die Montagebühne gehievt, der Schlagschrauber angesetzt und das Notrad abgezogen. Nun wird der reparierte Reifen draufmontiert und parallel das Notrad aufgepumpt und wieder unter dem Auto fixiert. So schnell können wir gar nicht gucken, wie die Jungs arbeiten.

Aber dann kommt das dicke Ende, nämlich die Rechnung für Soforthilfe, Reifen flicken, Montagearbeiten und Lohn für drei Fachkräfte. Ich glaube, ich habe mich verhört und frage vorsichtshalber nochmal nach. Aber es stimmt, für den ganzen Aufwand müssen wir nur 5 Ringgit bezahlen! Unfassbar.

Wir sind happy, aber beide geistig und körperlich nun völlig platt. So machen wir uns auf den Weg nach Hause, denn da wartet ja noch der Umzug vom Beachhouse ins Haupthaus auf uns. Also direkt am Beachhouse vorgefahren, so viele Utensilien wie möglich ins Auto gepackt, damit wir nicht so oft laufen müssen. Der Kleinkram kann bis morgen warten. Heute wollen wir nur noch fertig werden und dann chillen.

Ralf beendet die Poolreinigung, ich räume alles wieder an seinen Platz und kümmere mich um die Wäsche. Dann ab in den Pool, den Feierabend einleiten.

Anschließend gönnen wir uns einen Aperitif und amüsieren uns immer noch über die weltbeste Reifenwerkstatt. Nun darf ich noch ein weiteres Mal improvisieren, indem ich aus unseren kläglichen Resten ein Abendessen zaubere. Einkaufen stand heute irgendwie gar nicht auf dem Plan. Asiatisch/europäische Tapas-Variationen, etwas ganz Besonderes. Puuh, was für ein Tag!

Samstag, 01.06.

Unsere Planung ist nicht gut und so müssen wir doch nochmal an einem Samstag einkaufen gehen. Also beschließen wir, uns besonders früh auf den Weg zu machen. Ralf dreht alleine mit HobNob eine kurze Runde am Strand, Bälle schnappen, Wellen jagen und Müll sammeln. Ich bereite schon mal das Frühstück vor, dann geht es nach Kuah.

Nächste schöne Überraschung: Die Shopping Mall öffnet zwar um 10 Uhr, das hatten wir uns gemerkt und sind pünktlich da. Doch der Supermarkt in der Mall geht seine eigenen Wege und verkündet seine Öffnungszeit mit 10:30 Uhr. Also heißt es warten, doch die Uhren der Mitarbeiter scheinen nicht aus Schweizer Fabrikation zu stammen.

Vor den Türen sammeln sich immer mehr Menschen, die irritiert auf die Uhr gucken. Irgendwann öffnen sich dann doch noch die Pforten zum Konsumparadies. Wir flitzen schnell rein, kaufen, was wir brauchen, fallen noch in einem weiteren Laden ein und sehen dann zu, dass wir schleunigst wieder nach Hause kommen. Das ging gerade nochmal gut für einen Samstag, wir sind dem Ansturm der Wochenendtouristen wohl knapp entkommen. Nun finalisieren wir den Haustausch und räumen alles wieder an seinen angestammten Platz. Das Beachhouse ist bereit für die nächsten Gäste, die wir schon morgen erwarten. Die übliche Routine folgt: Mittagssnack gemacht, kleine Pause, dann geht Ralf laufen und mäht später noch ein weiteres Stück Rasen, während ich noch eine Runde mit HobNob drehe. Und schon ist es Zeit für das Abendessen. Das tropische Klima, dieser Energieräuber, schickt uns die Müdigkeit und erringt einen frühen Sieg. Noch bevor der Sternenhimmel seine volle Pracht entfalten kann, liegen wir in der Waagerechten. Gute Nacht.

Ralfs Randnotiz:
Eine Woche lang hatte die Rattenfalle keinen Besucher mehr zu verzeichnen. Da bin ich mir sicher, denn die Bananenstücke wurden nicht gemopst. Heute sitzt aber wieder ein trauriger Gast hinter Gittern. Aktuelles Resultat: Ratten – Ralf 4:3.

Sonntag, 02.06.
Der Tag beginnt mit einem kurzen Inlandsspaziergang durch die dörfliche Siedlung mit HobNob, der Schlingel lotst uns aber doch noch an den Strand. Auf dem Rückweg ist jetzt der Fluss im Weg, also Schuhe ausziehen und durchs Wasser waten. Unser Struppi springt ebenso gerne in den Fluss wie ins Meer. HobNob, der Seehund. Da wir nun schon am Strand sind, räumen wir auch gleich ein wenig auf. Die Müllsäcke sind schon wieder gut gefüllt.
Sari kommt und ich bitte sie, das Beachhouse für die nächsten Gäste vorzubereiten. Wir erwarten ein deutsches Pärchen, also muss sie nur das Doppelbett vorbereiten und entsprechend weniger Bettwäsche bügeln. Trotz Ramadan ist sie heute etwas konzentrierter und ich muss gar nicht so viel hinter ihr herräumen. Ein letzter Schliff für die Gäste ist dennoch notwendig, das ist aber heute schnell erledigt.
Ralf geht eine Runde laufen. HobNob verbringt mehr Zeit im Wasser als an Land, anscheinend ist heute sein Badetag. Ok, dann soll er seinen Spaß haben, es ist ja auch mal wieder

unglaublich heiß. Bald müssten unsere Gäste eintrudeln, gemäß Flugdaten sind sie sogar schon überfällig. Wir müssen sie jedenfalls nirgendwo einsammeln, da sie sich ein Auto gemietet haben. Vielleicht kaufen sie unterwegs noch ein paar Dinge ein oder sie machen direkt eine Inseltour.

Ich habe das Tor wieder offen gelassen, so dass sie direkt auf das Gelände fahren können. Das ist aber so weitläufig und zugewachsen, dass man vom Haupthaus aus nicht bis zum Tor und auch nicht zum Beachhouse gucken kann. Hören kann man ein einfahrendes Auto auf die Entfernung auch nicht.

Dank HobNob bekommen wir trotzdem mit, das sie eingetroffen sind. Wir gehen zur Begrüßung schnell rüber, denn unser Wachhund ist sehr lebhaft. Ich entschuldige mich, doch die beiden sind da ganz entspannt und zeigen Verständnis für den Rabauken. Unsere Gäste scheinen recht unkompliziert zu sein. Die Einweisung verläuft schon viel flüssiger, ich brauche meinen Spickzettel kaum noch, Übung macht den Meister.

Nachdem wir ihnen alles erklärt haben, marschieren wir zurück zum Haupthaus. Der Himmel öffnet seine Schleusen und wir werden auf den paar Metern noch richtig nass. Wenn das mal kein Signal ist: Ab in den Pool. Dann nutzen wir die Schlechtwetterfront eben für eine Ruhepause bestehend aus lesen und schlafen. Nach kurzer Zeit kommt die Sonne wieder raus und die Luft explodiert. Der Schweiß läuft sofort wieder in Strömen.

Am frühen Abend packen wir HobNob ins Auto für eine neue Wanderroute. Ralf hat beim Laufen einen Weg entlang eines Kanals entdeckt, den wollen wir nun gemeinsam erkunden. Links und rechts vom träge fließenden Gewässer hat sich tropische Vegetation breitgemacht. Ein kleines Boot liegt am Ufer, ein Seil überspannt den Fluss. Hier muss man sich mit Muskelkraft zum anderen Ufer herüberziehen, denn für eine Brücke fehlt das Geld. Aufgelockert wird die Idylle von den Häuschen der Dorfbewohner, manche mit liebevoll gestalteten Gärten, manche mit gackernden Hühnern vor der Tür. Friedliches Landleben live.

Vor dem Abendessen gönnen wir uns einen Aperitif. Hoffentlich belebt dieser mich ein wenig, denn ich bin schon wieder hundemüde, das Klima macht einen echt platt.

Nach den permanenten Stromausfällen versuchen wir mal wieder, das TV-Equipment in Gang zu bringen, doch wir scheitern. Nur der DVD-Player läuft. Ralf trifft eine Vorauswahl der vorhandenen DVDs und sortiert sie in die Kategorien „Geht gar nicht" und „Vielleicht". Der „Vielleicht"-Stapel ist relativ klein, hat aber hoffentlich ein paar sehenswerte Filme zu bieten. Wir trauen uns an mehrere Silberscheiben ran und werden von den Oscar-nominierten Blockbustern durchgängig enttäuscht. Dann doch lieber echtes Outdoor-Feeling genießen und die Sterne anhimmeln.

Montag, 03.06.

Die Nacht ist ruhig, endet aber abrupt um 5 Uhr, als der Muezzin mit seinen Gesängen startet. Die Fledermäuse, die uns gestern Abend noch unterhalten haben, sind verschwunden, dafür singt und kreischt der Dschungel. Es ist schon erstaunlich, wie lebendig der Regenwald in der Morgendämmerung ist. Heute können wir wieder am Strand entlang, so langsam passt es wieder mit den Gezeiten. HobNob rennt dem Ball hinterher und jagt Wellen, ein gelungener Start in den Tag. Ich habe wegen der Glotze nochmal bei Jack nachgefragt, woran es liegen könnte. Mit der Info aus der WhatsApp kriege ich das Equipment tatsächlich wieder ans Laufen, also können wir heute Abend Tatort gucken. Im Dschungel von Malaysia. So ein Spaß.

Frühstück bei herrlichem Wetter und dann lesen. Heute stehen keine dringenden Jobs auf dem Plan, da darf ich mal faul sein und mir einen Tag Auszeit gönnen.

Ralf fährt gerade eine Runde Fahrrad, da höre ich plötzlich Stimmen unten im Haus. HobNob hat keinen Alarm gegeben und ich frage mich, was da jetzt wieder los ist. Da stehen doch tatsächlich zwei Leute im Haus. Es sind Lucy und Angus, die beiden Australier, die eine Zeitlang das Beachhouse gemietet hatten und noch Teile ihrer Einrichtung und ihr Auto bei Olivia und Jack gelagert haben. Das wussten wir wohl, jedoch sollten sich die beiden vor der Abholung ankündigen und uns nicht überfallen. Aber sie haben – bestimmt aus alter Gewohnheit – den „geheimen" Toröffner betätigt und sind einfach mal aufs Grundstück gefahren.

Da war sie wieder, die tägliche freudige Überraschung. Die gute Nachricht ist: Sie holen einen Teil ihrer Klamotten aus der Abstellkammer ab. Das entspannt die Lage ein wenig und macht es übersichtlicher. Nach wenigen Minuten, in denen sie viel Hektik verbreiten, sind sie wieder verschwunden. Und ihren Zweitwagen haben sie auch mitgenommen. Immerhin war ihr Timing so gut, dass wir das Radkreuz aus ihrem Wagen vor drei Tagen noch für den sagenhaften Reifenwechsel benutzen konnten, Glück gehabt.

Nachmittags kümmern wir uns um den Pool, der ist ziemlich dreckig aufgrund der letzten Regenfälle. Das Saugen klappt prima, das Schwimmbecken sieht schon wieder ganz einladend aus. Dann macht Ralf noch Backwash und reinigt den Prefilter. Dabei hat er leider vergessen, ein Ventil zu schließen. Jetzt ist Luft im System, wie uns der Springbrunnen mitteilt, denn die

Fontäne rotzt und stottert. Auf die Schnelle finden wir dafür keine Lösung mehr. Ok, morgen ist auch noch ein Tag. Abendessen und dann ab vor die Glotze. Nach über einem Monat TV-Abstinenz mit einer kurzen Unterbrechung ist das ein echtes Highlight für uns. Tatort aus Münster, Thiel und Boerne ermitteln. Doch HobNob wünscht sich eine andere Freizeitgestaltung. Er legt uns ständig einen Tennisball aufs Sofa und will unbedingt in tiefster Dunkelheit spielen. Natürlich nicht mit einem der neuen Bälle, die wir ihm extra aus Deutschland mitgebracht haben, sondern mit einem völlig zerkauten, vollgesabberten Ball, den er regelmäßig in die Schnauze nimmt, um ihn an einer bestimmten Palme zu reiben. Also fliegt der Ball wunschgemäß über die Reling. HobNob rast die Wendeltreppe runter in die Dunkelheit des Grundstücks und kehrt nur wenig später schwanzwedelnd mit seinem Lieblingsball zurück. Schon liegt der feuchte, klebrige Filzklumpen wieder auf dem Sofa. In Griffweite. HobNob schaut uns erwartungsfroh an. Auf ein Neues, heute ist er erstaunlich ausdauernd und will gar nicht müde werden. Egal, das ist trotzdem schön.

Ralfs Randnotiz:
Morgens frage ich unsere Gäste, ob sie gut geschlafen haben, alles in Ordnung ist und was sie auf der Insel unternehmen wollen. Dabei stellt sich heraus, dass sie vor dem Frühstück immer gerne eine Runde laufen. Jetzt kann ich voll auftrumpfen und zähle ihnen die landschaftlich reizvollsten Laufstrecken auf, die sie dann auch gleich freudestrahlend in ihre Übersichtskarte einzeichnen. Das sind die wahren Insider-Tipps, die man weder in Reiseführern noch in Reise-Blogs findet. Das ist einfach Gästebetreuung de luxe.

Dienstag, 04.06.
Am Morgen haben wir direkt eine WhatsApp an Jack geschrieben und um Rat gefragt wegen der fehlgeschalteten Pooltechnik. Dann gehen wir mit HobNob zum Strand, der nach

unserem Spaziergang noch alleine am Meer rumtobt und leicht verstört zurückkommt. Vielleicht hat er mal wieder erfolglos versucht, eine Krabbe auszubuddeln, so sandig sieht er nämlich aus.

Zwischenzeitlich ist eine schriftliche Antwort von Jack eingetroffen, nachdem er uns telefonisch nicht erreicht hatte. Ok, wir versuchen, das Pumpensystem anhand der Beschreibung wieder in die Spur zu bringen. Zwischendurch shampooniere und wasche ich HobNob noch schnell. Dann läuft die Poolpumpe wieder und der Springbrunnen sprudelt wie in besten Zeiten. Foto geschossen, als Beweis unserer erfolgreichen Mission an Jack geschickt und Danke gesagt.

Heute ist HobNob privilegiert, denn weil es wegen der Poolreparatur schon relativ spät ist, bekommt er sein Futter ausnahmsweise mal vor uns. Dann hockt er sich teilnahmslos unter unseren Frühstückstisch, während wir auch etwas futtern. Anschließend fahren wir nach Matsirat zum Einkaufen, denn heute ist der Ramadan zu Ende und morgen und übermorgen sind Nationalfeiertage. Was auch immer das bedeuten mag, aber bestimmt nicht, dass dann die Läden geöffnet haben. Unterwegs sprießen plötzlich an jeder Ecke „Metzgereien" aus dem Boden. Es herrscht hektische Betriebsamkeit, ein vielfältiges Fleischsortiment wird direkt am Straßenrand und ohne Kühlung feilgeboten, aber dafür ist es bestimmt sehr frisch. Der Kundenandrang an den hastig zusammengezimmerten Verkaufsständen ist jedenfalls enorm. Das Ende des Ramadans wird also mit einer ordentlichen Portion Fleisch gefeiert. Ansonsten haben fast alle Geschäfte geschlossen, nur unser Lieblingsladen in Matsirat ist geöffnet, dafür natürlich ziemlich überfüllt. Wir bekommen einiges, jedoch nicht alles, was wir brauchen. Vielleicht öffnet der Laden in unserem Dorf heute doch noch. Nachmittags bin ich dann tatsächlich erfolgreich und kaufe die letzten Kleinigkeiten.

Der Abendspaziergang mit HobNob fällt aus, er ist immer noch nicht gut drauf. Dafür ist der Sonnenuntergang mal wieder vom

Feinsten, ein Farbspektakel der Extraklasse. Abendessen – ich habe aus dem ersten Hackfleisch, welches ich hier erstanden habe, eine Bolognese gezaubert. Das Ergebnis ist durchaus appetitlich.

Dann machen wir es uns bequem und gucken einen Film, aber ein gewaltiges Gewitter stört mal wieder. Es donnert zweimal so stark, dass buchstäblich die Wände wackeln. Beim zweiten Mal fliegt dann auch prompt wieder die Sicherung raus. Stromausfall. Was soll's, dann lesen wir eben noch ein bisschen.

Mittwoch, 05.06.

Der Muezzin ist heute besonders mitteilsam, er spricht zu uns aus allen Ecken, als wären über Nacht noch weitere Lautsprecher aufgestellt worden.

Wir stehen auf und gehen mit unserem nur mittelmäßig lebhaften Vierbeiner an den Strand, doch er ist nicht sehr lauffreudig und ignoriert sogar ein paar fliegende Bälle. Als am Horizont eine Horde wilder Hunde auftaucht, kehren wir vorsichtshalber um.

Da keine dringenden Arbeiten anstehen, machen wir spontan mal ein bisschen Urlaub: Frühstück, ein Buch lesen, im Pool plantschen, Ralf geht laufen. Als er zurück ist, verschwindet HobNob irgendwann, na super. Aber der Bursche ist noch jung, er ist neugierig auf die Welt da draußen und will sie halt auch mal auf eigene Faust erkunden. Gottseidank taucht er nach einer Weile wieder auf, ziemlich kleinlaut. Er weiß also genau, dass unangemeldete Abwesenheit ein Verstoß gegen die Etikette ist.

Ralfs Randnotiz:

Der Weg von unserem Grundstück runter zum Strand war mit feinem Sand bedeckt, bevor die heftigen Regenschauer den Sand weggeschwemmt hatten. Ein nicht zu tolerierender optischer Makel, da muss gegengesteuert werden. Also schnappe ich mir eine Schaufel und einen 20 Liter-Eimer und errichte am Strand ein Abbaugebiet. Von hier aus schleppe ich den Sand mit dem Eimer wieder hoch und verteile ihn auf dem ausgewaschenen Weg. 15 – 20 Eimer sollten reichen. Denke ich mir. Aber die tiefen Regenrinnen auf dem Weg haben mehr Sand gefressen als befürchtet. Schnell bin ich bei 50 Eimern angekommen, und der Job ist noch lange nicht erledigt. 70 Eimer, der Schweiß fließt mal wieder in Strömen. 80 Eimer, und die Arme werden länger und länger. 90 Eimer, erste Muskelkrämpfe. Endlich, nach dem 100. Eimer ist der Weg wieder eine Zierde unseres kleinen Paradieses. Ich bin zwar körperlich völlig platt, aber auch glücklich. Die zwei Stunden harter Maloche haben sich gelohnt.

Donnerstag, 06.06.
Morgens Strandspaziergang bei absoluter Ebbe, HobNob ist mal wieder taub auf allen Ohren. Dann taucht auch noch eine Horde wilder Hunde auf. HobNob jagt hinter ihnen her, was nie so ganz ungefährlich ist, Stichwort fünf gegen einen. Aber immerhin scheint er seine Lauffaulheit überwunden zu haben.
Während wir frühstücken, wollen unsere Gäste schon abreisen. Sie bringen nur kurz den Schlüssel vorbei, sagen, dass sie bald nochmal wiederkommen wollen und schon sind sie weg. Unkomplizierte, ruhige Zeitgenossen. Ein bisschen schräg vielleicht, immer im Outdoor-Partnerlook gekleidet, meist den Blick gesenkt, aber durchaus verträglich. Begleitet von HobNobs Bellen kommt Sari, ich lasse sie im Haupthaus ein bisschen Unordnung machen, im Beachhouse will ich erstmal sehen, wie es nach der Abreise der Gäste aussieht.
Entgegen der Wettervorhersage ist es noch trocken, aber um kurz vor eins fängt es tatsächlich an zu regnen. Und zwar richtig. Die Schleuse geht auf, frag nicht nach Sonnenschein. Wir fügen uns den Naturgewalten, gönnen uns einen Mittagssnack und halten dann ein Erholungsschläfchen. Es regnet sich ein, das Grundstück gleicht einer Seenlandschaft. Nachmittags geht Ralf laufen. Als er zurück ist, nutze ich eine kurze halbtrockene Phase, um noch eine Runde mit HobNob zu drehen.

Ralfs Randnotiz:
Der gestrige Arbeitseinsatz, den Strandzugang auszubessern, hat sich gelohnt: Ich habe jetzt Blasen an den Händen und einen ordentlichen Muskelkater. Das war zu erwarten, aber ein Mann muss tun, was ein Mann tun muss. Schade nur, dass der heutige heftige Regenschauer den mühevoll hochgeschleppten Sand komplett wieder zum Strand runtergespült hat.

Freitag, 07.06.
Heute beginnt unser Tag mit einem langen Morgenspaziergang durch die Mangroven und die Reisfelder. Es stehen etliche neugierige Kühe im Weg. Wir schalten in den Slalom-Modus und HobNob muss immer wieder ermutigt werden, tapfer an den Kühen vorbei zu trotten. Aufgrund der gestrigen Sintfluten gibt's heute nasse Füße inklusive, noch dazu lösen sich die Sohlen von meinen Schuhen. So ein Mist, das ist ein bisschen zu früh, die sollten noch mindestens einen Monat durchhalten. Hoffentlich kriegen wir die nochmal geflickt.

Einkaufen steht mal wieder auf dem Plan, deshalb fahren wir nach Kuah. Kombinieren wollen wir den Trip mit einem Besuch des Legend Parks. Haha, genau in dem Moment, wo wir auf den Parkeingang zugehen, fängt es wieder es an zu prasseln. Also verschieben wir unser Vorhaben, schließlich sind wir noch einige Tage hier. Später resümieren wir, dass es heute nur ca. zehn Minuten geregnet hat. Da wollte offenbar eine höhere Macht unseren Besuch des Skulpturenparks verhindern. Ist ja auch gelungen.

Nach einem kompletten Monat Abstinenz findet heute der erste normale Friday Night Market nach Beendigung des Ramadans statt. Die Vorfreude auf das bunte, überbordende Essensangebot ist groß. Doch der Markt entpuppt sich als eine Enttäuschung. Nur ganz wenige Stände sind aufgebaut, es gibt kaum etwas zu gucken oder zu essen, schade. Das sind die sichtbaren Spätfolgen der gestrigen kollektiven Völlerei. Gut, dass ich vorsichtshalber etwas Fleisch aufgetaut habe.

Samstag, 08.06.

Morgens am Strand rennt HobNob wie in besten Zeiten und ist dann rechtschaffen platt. Nach dem Frühstück räume ich noch ein wenig im Beachhouse auf, dann lese ich ein paar Seiten und penne doch tatsächlich wieder ein. Das Klima ist immer noch nicht mein Freund. Gegen Mittag werde ich wieder wach, na ja, eher so schlaftrunken wach. Diese Benommenheit verfolgt mich jetzt die nächsten Stunden. Das passiert mir immer, wenn ich tagsüber zu lange geschlafen habe.

Wir wollen eigentlich nach Pantai Cenang zum Nadias Hotel. Da gibt es heute ein Hari Raya Buffet für 18 Ringgit pro Nase. Hari Raya ist das Fest des Fastenbrechens, welches zum Ende des Ramadans gefeiert wird. Ich bin aber immer noch im Halbschlaf und wenig unternehmungslustig, doch Ralf überzeugt mich und wir machen uns auf den Weg.

Wir parken am Ortsrand von Pantai Cenang und spazieren Richtung Hotel. Im Foyer gibt es ein kleines, sauberes Restaurant, das recht einladend aussieht. Der Empfang ist sehr freundlich und der Kellner erklärt uns kurz das Büffetkonzept. Es gibt eine ordentliche Auswahl und einige landestypische Spezialitäten. Dann kann es auch schon losgehen.

Wir lassen uns die kulinarischen Genüsse schmecken. Aufgrund des Hari Raya Festes wird das Standardangebot heute noch um verschiedene Speisen ergänzt. Das ist eine prima Abwechslung, ein wirklich guter Deal und absolut sein Geld wert.

Zur Verdauung bummeln wir noch ein bisschen durch Pantai Cenang und staunen wieder, was hier alles gebaut wurde und wie schnell sich der Ort verändert hat. Von dem gemütlichen Fischerdorf ist nichts mehr zu sehen.

Genug Touristentrubel für heute, wir machen uns auf den Heimweg. Unser HobNob freut sich wie Bolle, als wir wieder da sind und rennt aufgeregt im Zickzack hin und her. HobNob, der Windhund. Wie schön!

Den ganzen Tag hat uns die Sonne verwöhnt, eigentlich wollte ich noch in den Pool hüpfen, doch jetzt ist mal wieder ein Tropensturm zugange, die Schleusen sind geöffnet und es schüttet aus Eimern. Wie durch ein Wunder bleibt dieses Mal unsere Sicherung verschont...

Ralfs Randnotiz:

Ich habe mal wieder einen Spezialauftrag, diesmal als Schuhmacher: Susannes Laufsohle hat sich von der Zwischensohle gelöst. Das gilt es zu reparieren. Ich suche in Jacks Werkzeuggarage nach einem geeigneten Kleber und werde tatsächlich fündig: Australischer Schuhsohlenkleber, erprobt in der Hitze des Outbacks. Das Beste vom Besten. Der Kleber ist so stark, dass ich den Schraubverschluss erst gar nicht abbekomme. Mit einer Kombizange klappt's dann doch. Einfach die zu klebende Sohle trocknen, säubern, Kleber drauf, festpressen, aushärten lassen, fertig. So schnell und so einfach kann es sein. Selbst hier in den Tropen.

Sonntag, 09.06.

Ich bin schon früh wach, lese ein wenig und schlafe dann nochmal ein, das ist ein Fehler und wird sich auf meine Produktivität noch negativ auswirken. Ich werde erst um 8 Uhr wieder wach, HobNob ist natürlich schon ganz ungeduldig und als ich die Wendeltreppe runter gehe, um Tee zu kochen, will er direkt los. Ich schlafe aber gefühlt immer noch, also macht sich Ralf, der heute ausnahmsweise mal vor mir aufgestanden ist, mit ihm auf den Weg. So können sich die beiden Jungs unbeaufsichtigt mal wieder so richtig am Strand austoben.

Dann folgt ein ungewohnt ruhiger Sonntag. Nachmittags wird unsere Idylle jedoch jäh unterbrochen. Plötzlich rennt HobNob wild kläffend Richtung Wald am Haupthaus. Die Bäume sind heftig in Bewegung und dann sehen wir es auch: Eine Horde lebhafter Affen ist zu Besuch. Auweia, das kann übel enden bei der offenen Bauweise des Hauses. Affen können ein heilloses Durcheinander veranstalten, Porzellan zerschlagen und Autoschlüssel klauen. Also rennen wir HobNob hinterher und versuchen, die Affen vom Haus zu vertreiben. Wir legen ein ordentliches Imponiergehabe an den Tag, machen Krach und wedeln drohend mit Palmblättern. Unser lächerlicher Auftritt schreckt die Affen tatsächlich ab und sie verziehen sich relativ zügig. Aufatmen. Hoffentlich kommt die Affenbande nicht zurück, wenn wir unterwegs sind.

Ralfs Randnotiz:
Der Besuch der Affenhorde führt zu der Vorsichtsmaßnahme, zukünftig bei Abwesenheit alle vorhandenen Türen zu verriegeln. Zwei Räume können wir mit Faltschiebetüren schließen und die Küche hat sogar Schiebetüren mit einem Vorhängeschloss. Alle anderen Räumlichkeiten, also auch das Badezimmer und der Poolbereich sind den Vandalen trotzdem schutzlos ausgeliefert. Können wir nur hoffen, dass wir die Primaten nachhaltig vertrieben haben…

Montag, 10.06.
Die Gezeiten haben sich wieder verschoben, das Wasser ist noch ziemlich hoch und erlaubt nur einen eingeschränkten Strandspaziergang. HobNob kommt nicht mit zum Haus, er ist im

Buddelwahn. Ok, dann lassen wir ihn mal buddeln. Ich freue mich schon auf die Rückkehr der vierbeinigen Sanddüne, die es dann zu entsanden gilt.

Heute erwarten wir die nächsten Gäste. Auf die sind wir wirklich gespannt, denn sie scheinen recht kompliziert zu sein. Olivia schickt eine Kopie der E-Mailkorrespondenz mit der Familie. Es dauert eine gewisse Zeit, bis der geschriebene Text in unserem Hirn eine Reaktion auslöst, die etwa einem gequälten Lächeln gleichkommt. Sie haben das Beachhouse in offener Bauweise im tropischen Dschungel gebucht. Das ist alles detailliert in der Unterkunftsbeschreibung erläutert, nur so zum besseren Verständnis! Nun wollen sie sichergestellt haben, dass es dort auch nicht die kleinste Spinne gibt. Denn das weibliche Oberhaupt der Familie leidet unter einer extremen Spinnenphobie. Ok, das kann ja heiter werden. Aber dann überkommt uns der Drang, alles Menschenmögliche zu unternehmen, um die Gästewünsche zu erfüllen.

Nachdem ich frische Wäsche ins Beachhouse gebracht habe, bekommt Sari den Auftrag, das Haus für die Gäste vorzubereiten und sicherzustellen, dass unter keinen Umständen auch nur eine einzige Spinne darin lauert. Stichwort: Double-Check! Doch selbst wenn uns das gelingt, heißt es ja nicht, dass alle Spinnen dieser Welt nun wissen, dass sie hier in den nächsten Tagen unerwünscht sind. So ein Spaß.

Ralf macht rund ums Beachhouse Gartenarbeit, damit es ordentlich und ansprechend aussieht. Ich räume den Wald ein bisschen auf und zwar in voller Regenmontur. Dieser Aufzug ist enorm schweißtreibend, hält aber ziemlich erfolgreich die Mücken ab. Allerdings läuft mein Kreislauf gerade nicht auf Hochtouren und die modische Verpackung in Regenklamotten kostet zusätzliche Energie. So muss ich irgendwann aufhören, sonst drohe ich aus den Latschen zu kippen.

Dann testen wir, ob auch wirklich alles funktioniert. Bei komplizierten Gästen gehen wir lieber auf Nummer sicher. Stichwort: Double-Check!

Es fängt schon gut an. Die Fernbedienung zur Öffnung des Tores an der Einfahrt verweigert ihren Dienst. Komisch, die letzten Gäste haben das Ding noch eifrig benutzt. Also passenden Schraubendreher suchen, um das Teil zu öffnen, und ich werde tatsächlich fündig. Ralf hat in Olivias Krimskrams-Schublade eine Dose mit ca. 50 Ersatzbatterien entdeckt. Sollte es wirklich so einfach sein? Nein, die Batterie hat natürlich eine Sondergröße. Ich gehe mittags ins Dorf, um Frühstück für den nächsten Tag für die Gäste zu kaufen. Da sie relativ spät ankommen werden, möchte Olivia dies als Serviceleistung anbieten. Dabei versuche ich auch, eine passende Batterie zu besorgen, leider vergeblich. Also wollen wir am Nachmittag etwas früher nach Kuah fahren, um eine Ersatzbatterie zu besorgen und noch etwas durch den Legend Park zu streifen, bevor wir die Gäste von der Jetty abholen. Doch mein Kreislauf will heute nicht so richtig auf Touren kommen und wir fahren später los als geplant. Die gesuchte Batterie können wir tatsächlich auftreiben, es geht voran.

Dem Legend Park hingegen können wir nur noch einen flüchtigen Besuch abstatten, keine Zeit mehr, alle Skulpturen aufzuspüren und deren mystische Geschichten zu studieren.

An der Jetty nehmen wir noch eine Ortsbegehung vor, damit wir unsere Gäste nach deren Ankunft auf keinen Fall verpassen. Dann geht Ralf los, um das Auto in die Nähe zu holen und ich warte schon mal am ausgemachten Treffpunkt vor dem Starbucks. Obwohl die Fähre längst eingetroffen ist, zieht es sich in die Länge.

Aber dann kommen sie, unsere „Lieblingsgäste". Es fängt erwartungsgemäß schon kompliziert an. Henrike muss erstmal aufs Klo, das erste gefiel ihr nicht und das zweite ist kostenpflichtig. Also werde ich gleich mal angepumpt. Wie viel Geld sie benötigt, weiß sie aber auch nicht. Ich gebe ihr einen Ringgit. Sie zieht wieder ab und ich versuche währenddessen schon mal die Weiterfahrt vorzubereiten. Die Familie ist zu viert: Vater Siggi, Mutter Henrike, Tochter Tina und Sohn Xaver. Vier Rollenkoffer plus Handgepäck haben sie dabei. Das übersteigt knapp die Ladekapazität unseres Toyotas. Wir können zwar sieben Sitze hervorzaubern, dann bleibt jedoch nicht mehr genügend Raum für die Koffer übrig.

Also biete ich ihnen an, dass wir noch ein Taxi auf unsere Kosten dazu nehmen, damit jeder einen eigenen Sitzplatz hat. Das wollen sie nicht in Anspruch nehmen, dann quetschen sie sich lieber zu viert auf die Rückbank, auch gut. Henrike, mittlerweile zurück von ihrem Toilettengang, ist das Leiden in Person. Die Fährüberfahrt war „schrecklich" und auch sonst ist alles irgendwie nicht so, wie sie es gerne hätte. Wie auch immer das sein könnte, was sie gerne hätte. Die ganze Familie ist merkwürdig einsilbig und schwer zu begeistern. Das kann ja was geben.

Wir packen die Vier inklusive der gesamten Ladung Gepäck in unser Auto. Ralf sitzt am Steuer und ich versuche auf der Rückfahrt mein Bestes, um ihnen unterwegs schon mal etwas Inseltypisches zu zeigen: Die Affen am Wegesrand, die Tempel, die Kautschukplantagen und vieles mehr. Doch sie reagieren fast gar nicht und sind erstaunlich desinteressiert. Obwohl sie von der Nachbarinsel Penang kommen und schon etwas mit Malaysia vertraut sein sollten, scheint alles fremd und bedrohlich für sie zu sein.

In Ayer Hangat angekommen, zeigen wir ihnen das Beachhouse, ihr neues Zuhause auf Zeit. Begeisterung sieht anders aus. Wir lassen sie mit ihrer Urlaubsfreude alleine und warten mal ab. Sie haben keinen Mietwagen gebucht, wollen aber für acht Nächte bleiben. Wie sie sich versorgen wollen, wissen nur die Götter. Wir ahnen nichts Gutes.

Dienstag, 11.06.
Als wir morgens mit HobNob auf dem Weg zum Strand am Beachhouse vorbeigehen, sind unsere Gäste schon wach. Wir wünschen ihnen einen guten Morgen und fragen nach ihrem Befinden. Der kleine Xaver ist ein wenig entwicklungsverzögert,

hat Schwierigkeiten sich auszudrücken und ist darum nicht leicht zu verstehen. Er erzählt, dass er gut geschlafen hat, aber Angst vor den Affen hatte. Brauchte er doch gar nicht, in Asien gibt es keine Nachtaffen. Angeblich hatten sie bisher nur auf Penang mal einen Affen gesehen. Ich versteh' nix mehr. Während der gestrigen Autofahrt vom Fährhafen nach Hause habe ich ihnen doch eine ganze Horde gezeigt. Hat wohl keiner hingeguckt!?! Na ja, jedenfalls wurde der Schlaf der anderen Drei wohl erheblich von den ungewohnten nächtlichen Urwaldgeräuschen beeinträchtigt.

Mal sehen, wie das Drama so weiter geht. Wir lassen sie mal machen. Verpflegung haben sie wohl nicht dabei, in Kuah einkaufen wollten sie aber auch nicht. Für das Frühstück ist gesorgt. Ansonsten sind sie schließlich erwachsen und werden schon wissen, was sie tun. Wir wissen ja auch, was wir wollen. Wir wollen mit HobNob am Strand Ball spielen. Und das machen wir jetzt auch.

Ralfs Randnotiz:
Es ist schon komisch: Bis wir diese E-Mail mit Henrikes Spinnenphobie gelesen hatten, war uns nicht ein einziger Gliederfüßer aufgefallen. Plötzlich begegnen uns Spinnen auf dem kompletten Grundstück: Im Garten, in der Garage, in der Küche und im Badezimmer. Die wuchtige Vegetation ist ihr natürliches Umfeld und hier gehören sie auch hin. Aber wir nehmen sie erst seit zwei Tagen wahr…

Mittwoch, 12.06.
Morgens kommt Siggi rüber und teilt uns mit, dass sie heute abreisen möchten. Ruckzuck sind wir hellwach. Er erklärt uns, dass sie eine Klimaanlage und McDonalds vermissen. Zwar betont er, dass sie die Beschreibung des Beachhouses vor der Buchung genau gelesen haben und wussten, was sie hier erwartet, jetzt aber eben doch den Zivilisationsluxus vermissen. Und er sagt auch, dass es natürlich nicht unser Fehler ist. Ok, das

können wir akzeptieren. Ich informiere Olivia und Jack über die Abreisepläne ihrer und unserer Gäste per WhatsApp.

Eigentlich wollten wir heute eine Radtour machen, aber wir sind ja flexibel. Dann machen wir eben eine Inselrundfahrt und bringen unsere Gäste heute Nachmittag zum Airport oder zur Jetty.

Als wir uns dann gerade im Pool abkühlen, kommen Henrike und Tina angeschlurft und wollen nochmal mit uns sprechen. Wir steigen aus dem Pool und setzen uns mit ihnen an den großen Frühstücks- und Besprechungstisch.

Nun haben sie sich Folgendes überlegt: Wenn es möglich wäre, dass wir sie ein bisschen im Auto rumkutschieren und ihnen die Insel zeigen würden, dann könnten sie sich vorstellen, doch noch zu bleiben. Das Merkwürdigste an der ganzen Geschichte ist, dass sie es so formulieren, als würden sie uns damit einen Gefallen tun. Diese Familie steckt voller Überraschungen. Ok, also wieder neue Pläne schmieden.

Wir erklären ihnen, dass es dafür ja Anbieter für Tagesausflüge gibt und wir eigentlich auf dem Grundstück zu tun haben, aber wir wollen unsere Gäste natürlich zufrieden stellen und willigen darum ein. Es ist allerdings ein schwieriges Unterfangen herauszufinden, was sie überhaupt unternehmen möchten. Ich breite eine Inselkarte aus und frage, wo sie denn hin möchten. Sie haben absolut keine Ahnung und erhoffen sich Vorschläge von uns. Gut, dann zählen wir mal auf, welche Attraktionen Tausende von Touristen hierher locken: Cable Car und Skybridge, Underwater World und Crocodile Adventureland, Mangroven Tour und Island Hopping, Wassersport und Traumstrände, Kunsthandwerkermärkte und Shopping Malls, Tempel und Nachtmärkte oder lieber doch Legend Park und Eagle Square.

Doch keiner der Vorschläge trifft auf allgemeine Zustimmung. Vielleicht hätten sie sich ein anderes Urlaubsziel aussuchen sollen. Aber so leicht geben wir nicht auf. Nach gutem Zureden finden wir doch noch einen Kompromiss, also machen wir heute

Nachmittag einen „Familienausflug". Ich halte Olivia und Jack per WhatsApp auf dem Laufenden. Im Moment informiere ich sie mal über den Sinneswandel der Gäste und unsere Bemühungen, diese zufriedenzustellen.

Um 13:00 Uhr packen wir die fröhliche Bande ins Auto und fahren zum Wat Koh Wanararm Tempel. Eine Horde Affen begrüßt uns dort, das ist schon mal ein Highlight für die Familie. Dann stellt sich heraus, dass es auch ihr erster Tempelbesuch ist. Vielleicht leiden sie zu sehr an ihrer Unsicherheit, denn sie sagen ständig, dass sie Angst haben. Sie trauen sich nicht, die Straße entlang zu gehen oder das Bergquellwasser aus der Leitung zu trinken oder etwas an Straßenständen zu kaufen. Es ist schwierig einzuschätzen, wie die Ängste Henrike negativ beeinflussen.

Nach dem Tempelbesuch fahren wir nach Kuah, denn der Besuch einer Shopping-Mall wurde gewünscht. Gestartet wird mit einem leckeren Menü bei McDonald's. Wer's mag... Wir lassen sie im Burger-Himmel zurück und verabreden einen Treffpunkt für die Rückfahrt.

Dann nutzen wir die Gelegenheit, um uns die entlegenen Ecken des Legend Parks anzusehen.

Der Stadtgarten ist wirklich wie aus der Zeit gefallen, er hat eine sehr mystische Ausstrahlung mit dem alten Baumbestand und den Fabelwesen-Skulpturen. Die feuchtheiße Witterung und der Zahn der Zeit, der an allem nagt, sorgen für eine unwirkliche Stimmung. Ein majestätischer Riesenwaran vervollkommnet das märchenhafte Bild.

Diese landestypischen Eindrücke bleiben unseren Gästen verwehrt, sie interessieren sich mehr für die Shopping-Mall. Zum vereinbarten Zeitpunkt sind wir alle wieder am Auto und treten – jeder auf seine Art zufrieden – den Rückweg an. Den Vieren hat der Ausflug sehr gefallen, aber sie wissen immer noch nicht, ob sie nun morgen abreisen oder doch bleiben wollen. Herrlich unentschlossen, unsere Gäste. Wir werden sehen und halten Olivia und Jack weiter auf dem Laufenden.

Dann koche ich uns ein leckeres Abendessen pünktlich zum Sonnenuntergang. Kulinarisch muss man echt nicht darben auf Langkawi. Umso erstaunter sind wir, dass sich die Gäste mit ungetoastetem Weißbrot und Marmelade verwöhnen. Aber jeder ist seines Glückes Schmied, in Kuah gab es jede Menge Möglichkeiten, andere Leckereien einzukaufen.

Nach dem Essen outen sie sich dann doch noch, sie haben wieder eine neue Variante auf Lager. Unter der Bedingung, dass wir sie noch zwei weitere Tage rumkutschieren, wollen sie statt der gebuchten acht Nächte nun fünf Nächte bleiben. Hört sich für uns nach einer Kompromisslösung an. Wir willigen ein und hoffen, dass nun alles wie gewünscht klappt.

Dann wollen wir den Tag mit einem Film abrunden, doch irgendwie kehrt heute keine Ruhe ein. Erst flippt HobNob aus uns unerfindlichen Gründen aus, so dass ich ihn mit einer nächtlichen Ausgangssperre belege, dann kommt noch eine traurige Mail zum Tod von Ralfs Tante, was natürlich Telefonate mit der Heimat nach sich zieht.

Nun wollen wir den Film noch zu Ende gucken, aber die Gedanken schweifen immer wieder ab.

Donnerstag, 13.06.

Heute habe ich besser geschlafen, nachdem ich gestern in meiner eigenen Suppe aus Schweiß aufgewacht bin. Mein Kreislauf hat sich auch wieder stabilisiert. Wir gehen mit HobNob zu den Reisfeldern, denn die Flut lässt nicht ausreichend Strand übrig.

Sari kommt und macht wie gewohnt Unordnung im Haupthaus. Ralf organisiert für unsere Lieblingsgäste auf deren Wunsch eine Mangroventour. Statt Vorfreude auf diesen wirklich tollen Ausflug hat sich mal wieder Besorgnis breit gemacht. Wir werden mit Fragen gelöchert, ob es unterwegs auch keine Spinnen gibt. Wie bitte soll man so eine Frage beantworten? Es ist ja gerade das Spannende an einem Ausflug in die Wildnis, dass man nicht weiß, ob und wann Tiere auftauchen. Dschungel, Mangroven und Getier gibt's dann inklusive. Das sind oft Begegnungen, an die man sich noch Jahre später gerne erinnert. Ralf gibt ihnen eine Taschenlampe für die Fledermaushöhle mit, damit sie diese nicht gegen Geld vor Ort ausleihen müssen. Ein Wort des Dankes – Fehlanzeige. Es gibt schon sehr merkwürdige Menschen.

Ralf liefert die Abenteurer um 11:00 Uhr am Treffpunkt ab. Das Boot wartet schon am Strand. Ich habe währenddessen wieder meine liebe Freude mit Sari. Sie hat wirklich eine sehr lässige Vorstellung von Sauberkeit. Und anschließend geht die Suche wieder los, ein Besen bleibt verschwunden, das nervt echt.

Um viertel nach zwei wird's spannend, Abholtermin unserer Gäste nach der Mangroventour. Und siehe da, es war durchweg interessant und Spinnen haben sich auch nicht blicken lassen. Aber ganz ohne Wermutstropfen geht es bei denen anscheinend nicht: Die Hitze war so schlimm, die Sonne hat geknallt und sie hatten nichts zu trinken. Die vielen Händler am Strand mit dem leckeren Kokosnusssaft haben sie vermutlich übersehen. Dann machen wir noch einen Abstecher zum Craft Complex. Das ist ein riesiges Gebäude mit unzähligen kleinen Verkaufsständen. Hier kann man preiswert schöne malaysische

Handwerkskunst erstehen und die einzelnen Arbeitsschritte der Batikkünstler live verfolgen. Wer ein Souvenir aus Seide, Holz oder Gold sucht, wird hier fündig.

Im Craft Complex gehen wir getrennte Wege, die Vier schlendern auf eigene Faust los. Ralf und ich gucken uns die beiden Museen an und sind echt platt, die sind richtig toll. Alte, enorm aufwändig gefertigte Hochzeitstrachten aus den verschiedenen Regionen werden präsentiert und ein Heritage Museum zeigt die kulturelle Vergangenheit Langkawis auf. Aber nicht so langweilig piefig, sondern mit tollen Ausstellungsgegenständen und brauchbaren „Erklärtafeln". Beide Museen sind in einem sehr gepflegten Zustand, was in den Tropen eher ungewöhnlich ist.

Unsere Ausflügler haben sich weder in ein Museum verirrt noch die Kunst des Batikens erlernt. Und schon gar kein Souvenir gefunden. Auch nicht für die Kinder. Denen ist wirklich nicht zu helfen. Sie wünschen sich aber noch einen kurzen Zwischenstopp im Dorf, damit sie sich trockene Kekse und Stilles Wasser kaufen können. Sie genießen vermutlich gerade eine Art Selbstkasteiungsurlaub.

Wir hingegen kaufen eine Familienpackung Vanilleeis für uns und gefrorenes Fleisch für HobNob. Mit dem Fleisch kühlen wir das Eis, damit es bei der Hitze auf den paar Metern bis nach Hause nicht dahinschmilzt.

Nach dem Abendessen, welches für uns nicht aus trockenen Keksen und Wasser besteht, gehen wir noch auf einen Drink zu unseren Nachbarn. Sinta ist nicht da, wir müssen mit Omar alleine vorlieb nehmen. Wir erzählen uns gegenseitig heitere Geschichten aus dem Alltag als Gästebetreuer und erhalten eine Einladung für Samstag zu Sintas Geburtstagsbarbecue. Spontane Zusage, Einladung dankend angenommen.

Ralfs Randnotiz:

Neben dem Job, alle Spinnen vom Grundstück zu vertreiben, sollten wir für unsere Gäste auch in Erfahrung bringen, ob sich aktuell Box Jellyfishes in den lokalen Gewässern herumtreiben. Diese Würfelquallen sind die gefährlichsten aller Quallenarten und können mit ihrem Nervengift Menschen töten. Eine durchaus vernünftige Nachfrage also. Bei den einheimischen Bootsführern frage ich nach und bringe in Erfahrung, dass seit Wochen keine Quallen mehr gesichtet worden sind. Vor genau einem Jahr ist allerdings tatsächlich ein schwedischer Tourist hier vor Ort von einer Würfelqualle gestochen worden und danach verstorben. Also empfehle ich unseren Gästen höchste Aufmerksamkeit beim Plantschen im Wasser.

Freitag, 14.06.
Wenn man einem den kleinen Finger reicht... Nachdem wir nun schon zwei Touren mit den Gästen gemacht haben und heute noch eine dritte zugesagt haben, wollen sie plötzlich morgen noch eine weitere unternehmen.

Jetzt ziehe ich die Reißleine. Wir erklären ihnen freundlich, dass wir hier leider nicht im Urlaub sind, sondern täglich diverse Arbeiten im Haus und auf dem Grundstück zu erledigen haben. Natürlich geben wir unser Bestes, die Gäste zufrieden zu stellen und alles unter einen Hut zu bringen, aber wir sind eben nicht immer verfügbar. Zudem gibt es für unternehmungslustige Urlauber ohne eigenes Fahrzeug eine erfreuliche Anzahl von Tour-Anbietern mit Abholservice, von denen sie aber nichts wissen wollen. Olivia hatte mich schon gewarnt und eindringlich darauf hingewiesen, dass es nicht unser Job ist, die Gäste zu chauffieren. Wir haben uns trotzdem darauf eingelassen, Thema Gästezufriedenheit. Doch das scheint vergebene Liebesmüh zu sein, obwohl sie beteuern, dass sie die Ausflüge gut finden.

Einer plötzlichen Eingebung folgend wollen sie uns nun für unseren Aufwand entlohnen. Wir stellen keinerlei Forderungen, teilen ihnen aber mit, dass zumindest eine Spritkostenbeteiligung angebracht wäre. Daraufhin kündigen sie vollmundig an, dass sie uns in jedem Fall mehr geben wollen, als ein Mittelklasse-Mietwagen kostet. Warten wir's ab. Später haben sie Ralf dann für die drei Tage mit drei Touren insgesamt 50 € angeboten. Das war natürlich weniger, als der preiswerteste Mietwagen ohne Fahrer gekostet hätte, deckt aber in jedem Fall ihren Spritkostenanteil.

Die Tragikomiker können uns jedoch mit ihrer ewigen Widersprüchlichkeit nicht mehr überraschen. Wir haben schmunzelnd akzeptiert, für uns ist das Thema damit erledigt. Doch nun sind sie unsicher, ob wir weitere Touren abgelehnt haben, weil sie zu wenig Geld geboten haben. Nein, lieber Siggi, wir sind aktuell keine Tourguides sondern Housesitter.

Nach neuestem Stand wollen sie auf jeden Fall am Sonntagmorgen abreisen, wir werden sehen. Jetzt bringen wir sie erstmal wie gewünscht zum Crocodile Adventureland, wo wir sie in zwei Stunden wieder abholen werden.

Ralf und ich wollen währenddessen die kurvige Sackgasse bis zum feudalen Datai Resort und die üppige Natur sowie den malerischen, von Ernie Els gestalteten Golfplatz erkunden. Unterwegs sehe ich aus dem Augenwinkel ein verwittertes Schild. Das schauen wir uns näher an und parken an einer Freizeitanlage, die gut ausgestattet ist mit Grillplätzen, Sitzbänken und Strandzugang. Ha, das ist der Pantai Pasir Tengkorak, ein Strand, der bei Einheimischen sehr beliebt ist. Dann kommt unser Wiedererkennungseffekt: 2016 waren wir im Rahmen einer Inselrundfahrt schon mal hier. Heute, am heiligen Freitag, wimmelt es natürlich nur so vor Menschen.

Wir entscheiden, an einem anderen Tag nochmal herzukommen und interessieren uns jetzt für das verwitterte Schild. Bei genauem Hinsehen entpuppt es sich als Infotafel zu einem Dschungel-Trail. Die wichtigsten Angaben wie etwa Länge und Schwierigkeitsgrad fehlen leider, also ein kleines Abenteuer genau nach unserem Geschmack. Wir marschieren los und sind mal wieder alleine unterwegs. Nach wenigen Metern sind wir bereits im Urwald verschwunden und von üppiger Vegetation umgeben. Mit der Zeit wird der Weg schlechter und schlechter, die Aussicht dafür immer besser.

Dann kommen die ersten Kletterpartien, die Natur hat sich den anfangs gepflasterten Weg zurückgeholt und quasi aus den Angeln gehoben. Es sind bereits Halteseile gespannt, an denen man sich entlang hangeln muss.

Irgendwann, auf einem hoch über dem Meer thronenden Felssporn stehend, beschließen wir umzukehren, da aus der Infotafel nicht hervorging, ob es sich um einen Rundweg handelt oder nicht. Also den ganzen Kletterpfad zurück, wir sind über eine Stunde unterwegs, auf und ab, bei dem Klima schon eine herrliche Anstrengung.

Am Auto angekommen beschließen wir, noch bis zum Ende der Straße durchzufahren. So kommen wir an den Langkawi Falls, einem künstlich angelegten Wasserfall vorbei, der heute kein Wasser führt, aber trotzdem einige einheimische Picknick-freunde angelockt hat. Dann folgen wir dem Weg durch den Teluk Datai Golfplatz, den der südafrikanische Profi Ernie Els unter dem Motto „Eine Hommage an die Natur" entworfen hat. Gespickt mit welligen Fairways und Greens, einem murmelnden Bach und uraltem Baumbestand erstreckt sich die 18-Loch-Anlage bis zum Meer. Der Golfplatz gilt als einer der schönsten Asiens. Der weitere Weg führt uns bis zu einem Schild des Datai

Resorts: „No Trespassing – private property". Hier beginnt die Welt der Reichen und Schönen, also müssen wir an dieser Stelle umkehren. Nächstes Ziel: Crocodile Adventureland, die Gäste abholen. Dort werden wir schon erwartet und die Kinder sehen ausnahmsweise mal zufrieden aus. Gut, dass wir ihnen diesen Besuch vorgeschlagen haben. Die Vier wollen aber in jedem Fall am Sonntag abreisen. Das sollen wir Olivia schon mal mitteilen, damit sie noch etwas Geld erstattet bekommen. Das mache ich natürlich gerne, ansonsten halte ich mich aus den finanziellen Dingen raus, das sollen sie untereinander klären.

Wir machen noch einen kurzen Stopp, um den Vieren eine geologische Besonderheit zu zeigen. Meterhohe Felskugeln liegen am Ende des Black Sand Beaches in der Brandung, die man bei Ebbe besonders gut sehen kann. Wind und Wasser haben sie kugelrund geschliffen und von der höhergelegenen Küstenstraße sieht es aus, als hätte ein Riese ein paar Murmeln verloren. Vermutlich sind sie 500 Millionen Jahre alt, damals hob sich Langkawi als eine der ersten Regionen Südostasiens aus dem Wasser. Doch wie zu erwarten war, ist das Interesse eher gedämpft und ich ärgere mich, dass ich mir immer noch Gedanken mache, was wir ihnen Schönes oder Besonderes zeigen könnten. Das allumfassende Desinteresse an ihrem selbst gewählten Reiseziel ist wirklich bemerkenswert.

Dann fahren wir nach Hause und überlassen sie ihrem Urlaubsglück. HobNob freut sich über seine Abendrunde und wir freuen uns, dass sich wenigstens HobNob noch freuen kann. Anschließend gehen wir auf den Nachtmarkt, um uns etwas Leckeres zu essen zu kaufen. Heute gibt es wieder deutlich mehr Stände, also eine breitere Auswahl und einen größeren Unterhaltungswert. So langsam scheint die Ramadan-Trägheit zu verfliegen.

Samstag, 15.06.

Die Morgenrunde mit HobNob verlegen wir ins Dorf, denn die Flut schickt ihre Wellen weit den Strand hinauf. Das ist vielleicht auch besser so, denn gestern Abend gab es verschiedene Lagerfeuer am Strand. Auch wenn die Feuer mit Sand abgedeckt wurden, glimmt die Glut unsichtbar noch stundenlang weiter, so dass die Gefahr besteht, sich die Füße bzw. die Pfoten zu verbrennen.

Nach dem Frühstück machen wir uns an die Gartenarbeit. Das ist mal wieder extrem schweißtreibend, nach kürzester Zeit sind wir komplett nass. Wir fühlen uns wie bei einer Bewegungstherapie an der frischen Luft mit Saunagang, das ist bestimmt enorm gesundheitsfördernd.

Mittagssnack und ausruhen sind die nächsten Programmpunkte. Ralf geht dann noch laufen, ich lese etwas und mache ein Nickerchen. HobNob pennt heute quasi den ganzen Tag. Es muss wohl auch am Wetter liegen, nach der stürmischen Nacht ist es sehr bewölkt und damit eher grau.

Irgendwann sind die Gäste verschwunden, sie scheinen tatsächlich alleine und auf eigene Faust unterwegs zu sein. Na also, es geht doch!

Dann wird HobNob wieder wach und will Ball spielen, und wir sind sofort mit dabei. Den vollgesabberten Filzball hat er heute besonders lieb und nimmt ihn sogar mit auf den Abendspaziergang. Wir spielen zu dritt auf den Pfaden zwischen den Reisfeldern, sehr spaßig. Irgendwann nimmt er sich eine nicht angekündigte Auszeit, legt den Ball im Schlamm ab und sich gleich daneben. HobNob übt sich im Schlammbaden, ein Bild für die Götter!

Diese Szene muss ich natürlich für Olivia, Jack und die Nachwelt festhalten, das sieht echt zum Piepen aus. Als wir zurückkommen, planschen die Gäste ausgelassen im Swimmingpool. Sie machen ordentlich Lärm und spritzen alles nass. Ja, das sind die wahren Urlaubsfreuden!

Abends gehen wir noch zu Sintas Geburtstagsbarbecue, sie wird 44. Wir sind sehr gespannt, wie die Party ablaufen wird. Um acht Uhr machen wir uns auf den kurzen Weg. Sinta sitzt noch in ihrer Wohnung, Omar steht vor der Villa nebenan am Grill und ist

eifrig dabei, Grillgut gut zu grillen. Zunächst liefern wir unser
Geschenk bei Sinta ab, eine Flasche Chablis, verpackt in der
praktischen Kühltasche von Condor, das kommt gut an.

Sie hat drei lässige Typen aus dem Tanjung Rhu Luxus-Resort um
sich geschart und es gibt zur Begrüßung ein Glas Wein. Wir
schwatzen ein bisschen, dann kommt Omar und holt uns zum
Dinner in die Villa. Das Essen ist eine Granate. Sie haben einen
Koch engagiert, der wirklich tolle Spezialitäten gezaubert hat.
Sinta und Omar haben alle Gäste aus ihrem Guesthouse
eingeladen, dazu noch die drei Leute aus dem Tanjung Rhu
Resort, Sintas Freundin aus Kuala Lumpur, einen Geschäftspartner von Omar mit einer Reiseagentur in Kuala Lumpur, den

Koch, seine brasilianische Freundin und die Hilfsköche sowie uns beide. Da hat sich eine bunte und internationale Gesellschaft in einer entspannten Atmosphäre eingefunden. Wir unterhalten uns gut, unter anderem mit dem Koch, der ein sehr angenehmer indisch stämmiger Malaie ist und uns gerne verrät, welche geheimen Zutaten er für seine Gerichte verwendet hat. Seine brasilianische Freundin reist alleine mit dem Fahrrad um die Welt, auch sehr spannend. Dann ist da noch der Malaie mit der Reiseagentur für Geschäftsleute, ein Kumpel von Omar. Es wird langsam feuchtfröhlich, Bier und Wein finden zügig Abnehmer und die chinesischen Gäste aus dem Guesthouse experimentieren mit Schnaps.

Dann kommt der Höhepunkt der Feierlichkeiten: Zum stimmungsvollen Geburtstagsständchen für Sinta gibt es eine Torte von den Tanjung Rhu Resort Jungs und einen Traumfänger von Omar. Es herrscht eine ausgelassene Stimmung.

Als wir uns später durch die Dunkelheit nach Hause kämpfen wollen, bekommen wir auch noch Teller mit dem leckeren Essen mit auf den Weg. Der morgige Tag ist gerettet. Party in einem fremden Kulturkreis, interessante Leute, neue Bekanntschaften, entspannte Atmosphäre: Ein Abend, so richtig zum Genießen. Nur unsere Lieblingsurlauber halten uns weiter auf Trab. Eigentlich wollten sie morgen mit der Fähre zurück nach Penang und wir sollten sie zur Jetty bringen. Doch was wäre ein Leben ohne Planänderungen. Es soll stürmisch werden, darum haben sie lieber einen Flug gebucht, statt mit der Fähre zu fahren, ok. Nun sollen wir sie zum Flughafen bringen, mal schauen, ob es dabei bleibt.

Sonntag, 16.06.
Heute geht's um Alles. Henrike, Siggi, Tina und Xaver wollen nach Hause. Das darf unter keinen Umständen schief gehen. Kurzer Frühsport mit HobNob, ein schnelles Frühstück eingenommen und dann los, damit wir auch ja pünktlich am Airport sind. Wir sind fünf Minuten vor der verabredeten Zeit am

Beachhouse. Siggi ist schon wieder die personifizierte Nervosität, ruckzuck sind die Klamotten im Wagen verladen, dann nochmal hektisch geprüft, ob auch alle Utensilien den Weg in die vielen Koffer gefunden haben.

Ich nutze das Aufbruch-Chaos, um wenigstens die Ventilatoren auszuschalten und die Türen zu schließen, was ja üblicherweise die abreisenden Gäste erledigen. Wir hatten ihnen bei der Ankunft erklärt, dass die Türen allesamt „offene" Türen sind und nur die Tür zum separaten Schlafzimmer abschließbar ist. Dann haben sie für sich entschieden, das „offen" so zu interpretieren, dass sie immer alle Türen weit geöffnet lassen. Kann man machen, ist aber in den Tropen mit der sich schnell ändernden Wetterlage und den vielen exotischen Tieren nicht ratsam. Äußerst merkwürdig ist zudem, dass Henrike kein Problem damit hat, alle Türen offen stehen zu lassen, obwohl sie doch solch eine Angst vor Spinnen hat. Das muss man nicht verstehen.

Die Fahrt zum Flughafen dauert gefühlt ewig. Kein Wunder, wenn man so verschieden ist und freundliche Konversationsansätze von den hinteren Reihen nur mürrisch oder gar nicht erwidert werden.

Immerhin erzählen sie uns noch, wie toll doch „Grab" funktioniert und wie günstig das ist. Grab ist ein privater Taxidienst, quasi das Pendant zu Uber. Klar, das hatten wir ihnen schließlich bei ihrer Ankunft erklärt, aber das wollten sie nicht hören! Gut, dass wir uns nicht aufgedrängt haben und sie immer wieder ermuntert haben, sich selbstständig zu bewegen. Das haben sie zum Schluss ihres Aufenthaltes tatsächlich hinbekommen. Aber selbst diese positive Erfahrung zaubert ihnen kein Lächeln ins Gesicht. Tschüss liebe Weltenbummler, macht's gut!

Am Flughafen steht einer von zwei Inselbriefkästen. Hier will ich noch schnell zwei Postkarten einwerfen. Nichts einfacher als das, sollte man meinen, aber welchen Schlitz soll ich benutzen? Die Erklärung ist einzig in malaiischer Sprache. Eine hilfsbereite

Dame klärt mich auf – danke dafür – und schon ist der Job erledigt. Jetzt aber ganz schnell weg vom Airport.

Unterwegs sind wir uns einig, dass wir auf gar keinen Fall dauerhaft eine Ferienanlage betreiben möchten. Omar vom Guesthouse nebenan hatte uns schon einige Anekdoten von anstrengenden Leuten erzählt, nun können wir mitreden.

Wir nehmen die Küstenstraße Richtung Perdana Square und kommen zufällig an der ominösen pinken Brücke vorbei, die oft Treffpunkt für den HashRun ist. Das haben wir in den Ausschreibungen gelesen, wussten jedoch nie, wo wir den Startpunkt suchen sollen. Jetzt glauben wir's endlich, die pinke Brücke gibt es wirklich.

Dann geht's weiter durch einen vermüllten Ort und ein hügeliges Waldgebiet, in dem sich Unmengen von Affen tummeln. Toll, wilde Makaken in freier Natur. Weniger toll sind die gedankenlosen Touristen, die die Affen aus dem Auto heraus füttern. Die hupen wir dann mal aus dem Weg.

Am Perdana Square parken wir und schlendern über die künstliche Landzunge am kleinen Hafen vorbei zum vielgepriesenen Leuchtturm. Der Eindruck ist eher ernüchternd, die Gegend ist jetzt, in der Nebensaison, etwas heruntergekommen.

Im Anschluss machen wir einen kurzen Stopp im Craft Complex um Sarongs zu kaufen, aus denen ich Kissenbezüge für unser Sofa nähen will, bevor wir uns endgültig auf den Heimweg machen. HobNob erwartet uns schon ungeduldig und dreht wieder seine kuriose Willkommensrunde im Affenzahn durchs Haus und ums Haus herum. Jetzt wird erstmal Ball gespielt und rumgetobt. Dann geht die Schleuse auf und ein kräftiger Monsunschauer ergießt sich über Langkawi. Erst jetzt fällt uns auf, dass die „Fantastischen Vier" keinen einzigen Regentropfen abbekommen haben. Aber auch dieses Glück wussten sie nicht zu schätzen. Sehr schade. Aufgrund der feuchten Witterung beginnt unser Heimkinoprogramm heute ein bisschen früher, da sind wir sehr flexibel.

Montag, 17.06.

Die Flut ist heute Morgen noch sehr hoch, also spazieren wir mit HobNob durch die Reisfelder. Da kann er wieder Warane jagen und sich vor Büffeln fürchten.

Dann gibt es Frühstück, bevor Sari kommt. Die sucht den während ihres letzten Reinigungsversuchs urplötzlich verschwundenen Besen ebenso vergeblich wie wir, er bleibt verschollen. Nun räumt sie wieder den Schmutz von links nach rechts und umgekehrt, ein wahrer Slapstick-Auftritt ohne erkennbaren Nutzen.

Wir kümmern uns lieber um die wirklich wichtigen haushälterischen Tätigkeiten: Wäsche waschen. Die Gäste haben schließlich eine Menge Bettwäsche und Handtücher im Beachhouse hinterlassen, dann wollen wir mal.

Nachmittags fährt Ralf mit dem Kajak raus und ich mache Gartenarbeit, bis ich komplett durchgeschwitzt bin, nur Sauna ist schöner. Als Belohnung gönne ich mir selbstredend die obligatorische Runde Plantschen im Pool, das Leben besteht ja nicht nur aus Arbeit, sondern auch aus Vergnügen. Ralf dreht die Abendrunde mit HobNob und ich kümmere mich ums Essen.

Ralfs Randnotiz:

Heute hat's geklappt. Susanne hat HobNob beschäftigt und ich konnte unbemerkt mit dem Kajak zum Strand verschwinden. Anfangs ist etwas Vorsicht angesagt, denn auf dem Weg raus aufs Meer sind ein paar Felsen im Weg. Manche kann man erkennen, andere lauern knapp unter der Wasseroberfläche. Bloß nicht kentern, sonst kommt vielleicht die Würfelqualle. Ich paddele in etwa 100 Metern Entfernung parallel zum Strand Richtung Four Seasons Resort. Die Wellen sind nicht sonderlich hoch, aber sie kommen schräg von hinten. Jede einzelne Welle nimmt also eine ungewollte Kurskorrektur vor, wenn sie gegen das Heck rollt. Angenehmer ist es, wenn ich quer zu den Wellen hinaus paddele und dann mit den Wellen im Rücken wieder Richtung Küste. Im diesem Zickzack-Kurs fahre ich bis ans Ende des Strandes, vorbei am Four Seasons Resort mit seinen Luxusunterkünften und den schönen Palmengärten. Aus der Entfernung vom Wasser aus sieht man erst mal, was für eine riesige Ferienanlage dort steht. Der Strandabschnitt ist fast menschenleer, aber bei den Mietpreisen gar nicht mal so verwunderlich. Zurück geht's gegen die Wellen, das ist angenehmer als auf dem Hinweg. Ein toller Ausflug, 90 Minuten paddeln auf dem Meer. Das schreit nach Wiederholung.

Dienstag, 18.06.

Morgens gehe ich alleine mit HobNob Inland, er ist total brav und macht keinerlei Faxen.

Nach dem Frühstück fahren wir Richtung Kuah. Wir kombinieren gerne das Notwendige mit dem Angenehmen, also Einkaufen mit einem kleinen Ausflug.

Diesmal steht der Wat Tham Kisap auf dem Programm. An dem Hinweisschild zu dem Thai-buddhistischen Tempel sind wir schon oft vorbei gefahren, haben aber bis dato nie die Kurve gekriegt. Heute ist es so weit und uns erwartet mal wieder eine echte Überraschung. Zunächst fahren wir auf hinduistische Götterfiguren zu, weil es in unmittelbarer Nähe auch noch einen bescheidenen Hindutempel gibt. Unser Ziel ist jedoch der buddhistische Tempel, wo wir von zahlreichen aufgeregten Hunden begrüßt werden. Nachdem sie sich beruhigt haben, steigen wir aus dem Toyota und werden von einem Mönch eingeladen, uns umzuschauen.

Die Kultstätte ist wirklich beeindruckend, der Tempel ist in den Fels gehauen, eine famose Kulisse. Gespickt ist die Anlage mit zahlreichen Skulpturen von Tieren und Fabelwesen. Und über alle wacht der sitzende goldene Buddha. Dann zeigt uns ein Tempeldiener, wie man der „Lucky Bell", einer großen, frei hängenden Metallscheibe summende, meditative Töne entlockt. Das wollen wir auch probieren und nach anfänglichen Schwierigkeiten schaffen wir es tatsächlich, mit streichenden Handbewegungen die Lucky Bell zum Schwingen zu bringen und überraschende Klänge zu produzieren. Das macht echt Spaß und weil die Situation so unerwartet auf uns zukam, ist es ein besonders tolles Erlebnis.

Dann fahren wir weiter nach Kuah, um in zwei verschiedenen Supermärkten ein bisschen einzukaufen. Es fängt wieder an zu regnen und es gibt nasse Füße vom Parkplatz bis in die Läden, denn die Parkplätze gleichen einer Seenlandschaft. Da es nicht aufhört, machen wir uns wieder auf den Weg nach Hause. Wir hatten ja bereits den unerwartet schönen Tempelausflug, so dass es keine reine Einkaufsfahrt war.

Zuhause staunen wir nicht schlecht, es muss hier ordentlich gestürmt haben, denn das Grundstück sieht echt wüst aus. Das bedeutet mal wieder eine Extraschicht Kokosnüsse, Palmwedel und Äste sammeln und entsorgen. Wirkliche Langeweile kommt hier nicht auf.

HobNob erwartet uns freudig, ihm ist nichts passiert. Aber er hat auch viel mehr Erfahrung mit den hiesigen Wetterkapriolen als wir. Unterwegs habe ich noch gedacht, er kann sich ja oben ins Wohnzimmer verkrümeln, wenn es regnet.

Aber der Sturm hat das Trennbrett an der Wendeltreppe zuge-drückt, so dass unser Struppi von der oberen Etage ausgesperrt war. So unberechenbar ist das Wetter hier. Heute wird es nicht mehr heller und es kommt uns fast kühl vor. Haha, so verschieben sich die Empfindungen. Wenn es 26 Grad sind, man aber 35 Grad gewohnt ist, kann man fast schon ans frösteln kommen. Also schalten wir in den gemütlichen Entspannungsmodus: Abendessen, Film gucken, dann falle ich müde ins Bett. Die Nacht wird unruhig, HobNob bellt mehrfach und rennt los. Wir hören Stimmen vom Fluss her, vielleicht hat ihn das irritiert, keine Ahnung. Wir wittern keine Bedrohung und schlafen bald wieder ein.

Mittwoch, 19.06.
Es ist endlich wieder richtig Ebbe, also können wir zum Strand. HobNob ist völlig aus dem Häuschen und springt vor Freude an mir hoch, los geht's. Wir können über den Black Sand Beach bis zu den riesigen, uralten Felskugeln gehen. Die Morgenschläfrigkeit wird durch das Ballspielen mit HobNob schnell vertrieben. Wir genießen den Spaziergang, das Panorama und unser Leben. Ein geiler Start in den Tag.

Nach dem Frühstück lesen wir ein paar Seiten in unseren Büchern, dann wird's wieder aktiver. Da es heute nicht so heiß ist, machen wir endlich die Fahrradtour, die für letzte Woche geplant war, als uns die komplizierte Gastfamilie dazwischen kam und all unsere Pläne durcheinander gewirbelt hat. Wir fahren durch die Reisfelder, überqueren die Straße und biken dann entlang des Flusses durch ländliches Idyll und beschauliche Ortschaften. Plötzlich stört ein Knattern die perfekte Szene. Eine kleine Gruppe mit Quads bahnt sich ihren Weg. Vorneweg der Tourguide, dann folgen Vater und Sohn und schließlich noch die Mutter. Die PS-starken Offroader „rasen" im Zeitlupentempo über den Asphalt, aber das skurrilste ist die dem Action-Sport perfekt angepasste Bekleidung: Vater und Sohn im weißen Kaftan, Mutter im farbenfroh schwarzen Kleid und mit blick-dichtem (!) Gesichtsschleier. Ein irgendwie unwirkliches Bild. Nach und nach folgen weitere Quad-Gruppen mit ähnlichem Outfit. Da scheint ein ganzer Flieger mit abenteuerlustigen Arabern gelandet zu sein.

Auf dem Rückweg nehmen wir noch ein paar frisch gebackene Donuts von unserem Lieblingsdonut-bäcker mit, unsere gern gewählte Zwischenmahlzeit. HobNob freut sich mal wieder wie Bolle, als wir zurückgeradelt kommen. Jetzt ist rumtoben und Frisbee fangen angesagt.

Eine kleine Schwimmeinheit rundet unseren gelungenen Ausflug ab. Man gönnt sich ja sonst nichts. Nachmittags sind wir noch fleißig im Garten aktiv, das ist wie immer sehr schweißtreibend. Also nochmal: Ab in den Pool! Dann folgen liebgewonnene Gewohnheiten: Sundowner genießen, Abendessen und zum guten Tagesabschluss ein Filmchen gucken, bis uns die Müdigkeit übermannt.

Ralfs Randnotiz:
Der bei den Einheimischen als Picknickplatz beliebte Black Sand Beach liegt nur ca. 1 km entfernt von uns und beginnt hinter einem traditionellen Fischerdorf. Der Name ist ein bisschen verwirrend, denn der Strand präsentiert nur einige schwarze Streifen. Und natürlich gibt es verschiedene Mythen, wie der schwarze Strand entstanden sein soll. Eine Geschichte besagt, dass die Sagengestalt Garuda eine chinesische Prinzessin entführt hat und der entscheidende Kampf zwischen dem Adlermenschen Garuda und dem Liebhaber der Prinzessin genau hier stattgefunden hat. Vielleicht sind es aber auch nur schwarze Mineralien, die nach Regenschauern in den Bergen aus einer tiefen Sandschicht an die Oberfläche gedrückt werden. Jedenfalls entdecken wir heute kleine sprudelnde Quellen im Sand, die schwarze Steinchen ausspucken.

Donnerstag, 20.06.

Die Nacht wird ziemlich jäh unterbrochen. Erst kommt der Sturm, dann kommt der Regen. Und zwar waagerecht. Wir retten noch schnell, was zu retten ist. So langsam haben wir uns eine professionelle Routine angeeignet.
Dann verkrümeln wir uns wieder ins Schlafzimmer, HobNob ist mit von der Partie. Jetzt heißt es Türen zu und abwarten, bis der Weltuntergang vorbei ist. Nach einer Weile fällt der Strom aus, zur Abwechslung mal im ganzen Haus, sonst würde es auch langweilig werden. Glücklicherweise sind wir vorbereitet und haben die Stirnlampen greifbar. Dann probieren wir, den Strom

wieder in Gang zu bringen. Vorsichtig die glitschige Wendeltreppe runter bis zum Sicherungskasten. Ok, die eine Gebäudeseite läuft wieder, natürlich ohne unsere Problemsicherung, d. h. DVD-Player und Apple-Computer sind mal wieder lahmgelegt. Außerdem schmort der Ventilator über dem Esstisch durch, er hat wohl auch zu lange gebadet. Jetzt müssen wir nur noch den Sicherungskasten für die andere Hausseite aktivieren. Gesagt getan, da funktioniert es nun wieder tadellos. Nächster Job: Die Seenlandschaft im Haus beseitigen, das sind die Schattenseiten der offenen Bauweise. Dieses Mal ist wirklich alles nass, einmal quer durch. Es schwimmt alles, nicht nur die Dinge, die in den Pool geschwemmt wurden. Unglaublich. Da hilft nur noch der ganz große Wischer, um die Fluten zu beseitigen.

Nachdem wir die Nässe so einigermaßen rausgewischt haben, frühstücken wir erstmal. Denn es ist schon hell und wir sind hungrig. Sari kommt und darf das Beachhouse auf Vordermann bringen, heute Abend erwarten wir die nächsten Gäste. Das klappt mal wieder so lala.

Während der Grundreinigung stellt sich dann heraus, dass unsere Lieblingsfamilie ihren Müll zurückgelassen hat, obwohl sie auf dem Weg zum Flughafen scheinheilig eine Tüte dabei hatten. Bei der Einweisung ins Beachhouse haben wir sie freundlich gebeten, den Müll täglich zu entsorgen, damit nicht unnötig viele Ameisen, Maden, Ratten und andere unliebsame Tiere angelockt werden. Das müssen sie wohl – im Gegensatz zu allen anderen Gästen – fehlinterpretiert haben. Egal, das erledigen wir doch gerne für sie.

Als Sari weg ist, gibt es eine Schale Nudelsuppe, dann lesen wir ein paar Seiten. Während Ralf laufen geht, mache ich mich im Garten nützlich, doch das währt nicht lange. Ralf ist ruckzuck zurück, und zwar blutend, denn er ist hingefallen. Also lasse ich alles stehen und liegen und verarzte ihn. Hoffentlich entzündet sich nichts. Wir versuchen die Wunden am Knie und an den Händen so gut es geht zu säubern und zu desinfizieren. Mit verschmutzten Schürfwunden ist in den Tropen nicht zu spaßen, also versuche ich die offenen Stellen so sorgfältig wie möglich zu reinigen.

Dann gehe ich unter die Dusche, drehe die Nachmittagsrunde mit HobNob und muss feststellen, dass auch er unter einer körperlichen Einschränkung leidet. Er bleibt ständig stehen, macht ungewohnte Verrenkungen und ist ganz durcheinander. Eine kurze Untersuchung bringt kein Resultat, ich weiß nicht, was ihm fehlt.

Wieder zuhause kommt dann noch eine Nachricht von meinem Bruder, dass er mit Gallensteinen im Krankenhaus liegt. Es reicht so langsam an Hiobsbotschaften für heute.

Aber das soll es noch lange nicht gewesen sein. Wir machen uns ohne Abendessen auf den Weg zum Flughafen. Die Gäste vom Airport abholen kann ja nicht lange dauern. Aber das ist ein Irrglaube. Ich habe vor der Abfahrt noch gecheckt, ob der Flug denn auch pünktlich ist, da stand natürlich „on time". Am Flughafen angekommen entpuppt sich die Nachricht jedoch als Fake-News, nun wird eine Stunde Verspätung angezeigt, na super. Wir haben beide Hunger und ich bin total platt, das war alles ein bisschen viel heute. Also versuchen wir, in der Zwischenzeit einen Straßenstand zu finden und eine Kleinigkeit zu essen. Das schlägt aber auch fehl. Darum fahren wir unverrichteter Dinge wieder zum Flughafen und ergeben uns stoisch unserem Schicksal.

Um kurz nach 21 Uhr tauchen dann endlich Angela und Phil strammen Schrittes auf. Briten, ältere Semester, sehr gesprächig und auf Anhieb sympathisch. Ich lotse sie zum Auto, Ralf begrüßt die Neuankömmlinge und los geht's. Weil die beiden so lebhaft quatschen, verpassen wir glatt eine Abfahrt und drehen noch eine kleine Ehrenrunde, dann sind wir endlich auf der Straße Richtung Heimat.

Jetzt ist Zurücklehnen und Entspannen angesagt. Aber es soll noch ein weiterer Nackenschlag folgen: Im Kreisverkehr von Ayer Hangat verweigert der Toyota plötzlich den Dienst. Das

Auto bleibt einfach stehen, mitten im Kreisverkehr! Glücklicherweise sind es nur noch ca. 800 m bis nach Hause. Wir steigen aus und schieben das Auto über den Kreisverkehr weiter geradeaus, bis wir eine geeignete Stelle zum Anhalten finden. Ein freundlicher Bediensteter aus dem Four Seasons Resort hilft spontan tatkräftig mit.

Nach kurzer Überlegung beschließen wir, uns zu trennen, damit unsere Gäste nun zügig in ihr Beachhouse kommen. Da wir vor dem Dorfladen zum Stehen gekommen sind, frage ich, ob sie noch etwas zu trinken oder zu essen kaufen möchten. Phil geht gleich los und kauft ein paar Dosen Bier. Wein hätten sie auch genommen, aber den gibt es im Dorf nicht. Dann mache ich mich mit Angela und Phil zu Fuß auf den Weg, damit sie endlich ihren Urlaub genießen können. Glücklicherweise sind die beiden sehr unkompliziert und bereit, mir mit ihren Rollenkoffern die unbeleuchtete Straße entlang zu folgen. Natürlich habe ich jetzt keine Lampe dabei, denn wenn einmal der Wurm drin ist, dann ist der Wurm richtig drin.

Ralf bleibt beim Auto, der hilfsbereite Malaie ruft seinen Kumpel an, der ist Mechaniker und will gleich vorbeikommen. Währenddessen bringe ich Angela und Phil zum Beachhouse, die letzten Meter in ziemlicher Dunkelheit. Gut, dass ich den Weg inzwischen blind kenne.

Dann gebe ich eine kurze Beachhouse-Einweisung, als Ralf auch schon auftaucht. Der Mechaniker war tatsächlich da, hat eine Motorüberhitzung festgestellt, Wasser zum Nachfüllen für den Kühler besorgt und empfohlen, erstmal zu warten, bis der Motor abgekühlt ist. Er hat zudem seine Telefonnummer hinterlassen und dann noch Ralf mit dem Moped nach Hause gefahren. Echt nette Menschen hier, offen, hilfsbereit und freundlich.

Dann verabschieden wir uns von unseren Neuankömmlingen und trotten nach Hause. Abendessen fällt heute aus, schnell noch eine Nachricht an Olivia und Jack geschrieben, und dann: Wein marsch. Die belebende Wirkung des Alkohols setzt schnell ein. Beim Gang zur Toilette witzele ich schon: Ich geh jetzt mal torkeln. Mann, was war das wieder für ein Tag!

Ralfs Randnotiz:
Heute wollte ich zum Tanjung Rhu Beach laufen, also in den Geo-Park, wo die Ausflugsboote zur Mangroventour starten. Das dauert etwa eine halbe Stunde. Dann schaue ich mich üblicherweise ein bisschen an dem schönen Strand um, quatsche ein paar Minuten mit den Mangroventour-Anbietern und laufe wieder zurück. Der Weg dorthin führt über eine asphaltierte Straße und ist größtenteils von Regenwald gesäumt. Meistens sehe ich auch die Makaken-Familie am Wegesrand rumturnen, das ist immer eine lustige Ablenkung. In diesen 30 Minuten pro Strecke sind normalerweise etwa drei Autos unterwegs, also habe ich die Straße praktisch ganz für mich alleine. Normalerweise. Heute nicht. Ein Fahrzeug nach dem anderen donnert an mir vorbei, Mopeds, Autos und Minibusse. Keine Ahnung, was heute los ist. Da es an der Straße keinen Bürgersteig gibt, laufe ich dann jedes Mal ein paar Meter durch den Straßengraben. Der ist aber nicht ganz eben, ich komme ins Straucheln und schon liege ich auf der Nase. Linkes Knie und beide Hände sind aufgeschürft und bluten. Ein hilfsbereiter Autofahrer hält direkt an und fragt, ob er helfen kann. Sehr freundlich, aber die Knochen scheinen noch heil zu sein und ich habe keinen Brummschädel, also laufe ich direkt zur Erstversorgung nach Hause. Wie hätte wohl der ehemalige englische Premierminister Winston Churchill den Sturz kommentiert? Mit seinem süffisanten Lieblingssatz: „Sport ist Mord".

Freitag, 21.06.
Gegen 5 Uhr werden wir ein weiteres Mal unsanft geweckt. Es wütet schon wieder ein Sturm über uns, der auch Regen mitbringt. Schlaftrunken bringen wir alle unbefestigten Gegenstände in Sicherheit und verbarrikadieren uns dann im Schlafzimmer. Immerhin wird es nicht ganz so übel wie gestern, aber

es ist doch einiges nass geworden und die Sicherung ist auch wieder rausgeflogen.

Nach dem Sonnenaufgang gehe ich alleine mit HobNob zum Strand. Er erledigt zwar sein Geschäft, aber er wird von wilden Hunden so abgelenkt, dass an einen entspannten Spaziergang nicht mehr zu denken ist. Also breche ich die Strandwanderung ab und gehe zurück.

Zumindest macht er keine merkwürdigen Verrenkungen mehr, ich schreibe ihn also hiermit gesund und wende mich dem nächsten Patienten zu: Ralfs Wunde am Knie sieht schon nicht mehr so übel aus, sie nässt nur noch ein wenig, wir scheinen auf dem richtigen Weg zu sein, hoffentlich!

Nach dem Frühstück machen wir uns auf den Weg zum Auto. Der Wagen hat die Nacht unbeschadet am Straßenrand überstanden. Motorhaube auf, Wasser in den Kühler kippen, zwei Startversuche, läuft!

Dann fahren wir erleichtert nach Hause und erstatten per WhatsApp Bericht. Jack möchte, dass wir den Wagen morgen auf direktem Weg in die Werkstatt bringen. Ok, wird gemacht. Dann bleiben wir heute mal zuhause, ist nicht so schlimm. So bekommt Ralfs Wunde auch keinen Dreck ab und kann besser heilen. Es wird ein eher ruhiger, um nicht zu sagen fauler Tag mit viel schmökern.

Mittags kommt unser Gast Phil kurz vorbei und möchte Infos zur Mangroventour von uns haben. Währenddessen turnen doch tatsächlich zwei stattliche Otter auf der Wiese vor dem Haus herum. Mehrere Warane ergänzen unseren kleinen Tierpark, sehr spaßig. HobNob verpennt das lustige Treiben. Die Warane, von den Einheimischen Monitor Lizard genannt, sehen immer sehr träge aus, aber wenn unser Hund hinter ihnen her ist, flitzen sie erstaunlich schnell zur nächsten Palme und klettern am Stamm hoch, so dass er noch nie einen erwischt hat.

Dann kommt Phil nochmal zusammen mit Angela vorbei, um den Pool zu nutzen. Wir verziehen uns nach oben und lassen die beiden nach Herzenslust plantschen.

Abends gehe ich mit HobNob durch die dörfliche Siedlung und wir sind natürlich mal wieder die „Stars". Unser Zottel zieht alle Blicke, besonders die der Kinder, auf sich.

Danach kraxle ich alleine zum Nachtmarkt, um Essen zu kaufen. Inzwischen ist er wieder auf seine ursprüngliche Größe angewachsen, es gibt jede Menge Streetfood-Stände. Auch der Metzger ist wieder da, heute hat er Rindfleisch im Angebot. Ein halbes Rind hängt am Haken und es wird immer leichter, denn die Leute sind in Kauflaune. Auf der Arbeitsplatte, gleichzeitig Verkaufstresen, liegen allerlei Fleisch- und Fettstücke sowie delikate Innereien. Moderner Schnickschnack wie eine Kühlung ist bei dem fröhlichen Metzger verpönt. Da kann selbst hartgesottenen Reisenden schon mal der Appetit vergehen.

Ich kaufe an verschiedenen Ständen – allerdings nicht beim Metzger – einige Leckereien, da werde ich plötzlich von hinten angequatscht: Sinta mit ihrem Lover Maurice. Kurzer Small Talk, dann trennen sich unsere Wege wieder und ich mache mich auf den Rückweg. Während ich zu Fuß unterwegs bin, überholen mich die beiden mit dem Moped und – aller guten Dinge sind drei – kurz vor unserem Eingangstor treffe ich sie dann noch einmal. Sie sind schon mit Hund und Picknickkorb bewaffnet unterwegs zum Strand und wollen dazu den Weg über unser Grundstück nehmen. Sintas und Omars Guesthouse Palm Village liegt zwar in Strandnähe, aber eben in zweiter Reihe ohne direkten Strandzugang. Ich nehme die beiden samt Hund mit durchs Tor, damit sie nicht durchs Gestrüpp stolpern müssen.

Jetzt läuten wir den Feierabend ein und genießen den Sonnenuntergang mit einem Glas Chablis.

Anschließend bereite ich das Abendessen vor, eine gemischte Platte Leckereien vom Nachtmarkt. Danach gucken wir uns noch einen Film an, bis uns die Müdigkeit übermannt. Bevor wir ins Bett gehen, lassen wir auf der Terrasse die Regenschutzrollos runter, mal sehen, ob das der angekündigten Regenflut etwas Einhalt gebieten kann.

Samstag, 22.06.

Diese Nacht erreicht uns die Regenfront schon um 3 Uhr, also raus aus dem Bett, alles retten, was zu retten ist. Die Aktivierung der Regenschutzrollos war eine gute Idee. Trotzdem bleibt es eben ein offenes Haus mit all seinen Vor- und Nachteilen. Wieder ab ins Bett, die zweite Hälfte der Nachtruhe beginnt. Gegen halb acht stehe ich auf. Das Haus ist nicht ganz so nass, wie die letzten beiden Tage, aber von perfekter Ordnung kann hier keiner sprechen.

Ich schnappe mir HobNob für einen kurzen Inlandsspaziergang. Er ist brav, allerdings erledigt er sein Geschäft nicht. Es regnet immer noch, wenn auch im Moment nur leicht. Und wieder verliere ich ein weiteres Stück Sohle meiner Laufschuhe, das nächste Argument, zukünftig keine Schuhe von Adidas mehr zu kaufen.

Als wir zurück sind, gibt es ein eiliges Frühstück, dann machen wir uns auf den Weg in die vielgepriesene Werkstatt von Mr. Chang. Vor dem Start kontrollieren wir noch einmal den Wasserstand des Kühlers. Da passt tatsächlich wieder eine Menge Flüssigkeit rein, obwohl Ralf gestern Abend den Kühler bis zum Rand gefüllt hatte und wir den Wagen nicht bewegt haben. Ok, Daumen drücken und los.

Der Wagen läuft zum Glück beschwerdefrei und wir kommen unbeschadet in Mr. Changs Car Clinic an. Es herrscht ein herrliches Chaos auf dem schlammigen Hof. Fahrzeuge aller Größen und Fabrikate stehen kreuz und quer. Zwischen den Autos haben sich tiefe Pfützen und Müllhaufen breit gemacht. Der erste Eindruck ist schon mal vielversprechend.

Dann kommt Mr. Chang inmitten des Chaos auf uns zu. Motorhaube auf, Motor an, geschulter Blick und schon folgt die Diagnose: Der Kühler hat ein Leck und muss abgedichtet werden. Dafür muss der Wagen aber hier bleiben. Er fragt, ob wir eine andere Transportmöglichkeit haben. Wir verneinen. Also gibt er uns ein Ersatzfahrzeug und sagt, er würde sich melden, wenn unser Auto repariert ist. Schlüssel in die Hand gedrückt und Tschüss. Der Leihwagen ist ein Proton, eine Automarke, die mir bis gerade fremd war, hat über 300.000 km runter, ist tiefer gelegt, stinkt ganz erbärmlich und „schwimmt" auf der Straße. Mir wird zum ersten Mal in einem Auto schlecht, dabei sind wir noch keine fünf Minuten gefahren. Mein Magen dreht sich auf links und ich schlage drei Kreuze, als wir endlich Zuhause angekommen sind. HobNob ist ganz verwirrt und bellt den fremden, stinkenden Wagen erstmal an. HobNob, der Hauswächter. Er beruhigt sich aber schnell wieder, als er uns erkennt.

Es regnet unentwegt, mal mit Sturmböen, mal ohne, aber es hört einfach nicht auf. Mittlerweile gleicht der Garten einer Seenlandschaft, im Haus sind überall Pfützen und das Dach ist auch nicht mehr ganz dicht. Das ewige Geprassel ist drauf und dran, unsere gute Laune zu vertreiben. Dabei ist heute erst der erste Tag, an dem es wirklich nonstop regnet.

Am späten Nachmittag sende ich eine WhatsApp an Jack, um zu fragen, ob wir wirklich warten sollen, bis Mr. Chang anruft, oder einfach mal hinfahren sollen. Um kurz vor sechs kommt dann die Antwort: Mr. Chang hat ein Leck gefunden, weiß aber nicht, ob er es heute noch reparieren kann. Ok, dann wissen wir Bescheid. Wenige Minuten später klingelt das Telefon, Mr. Chang ist dran und teilt uns mit, dass das Auto fertig ist. Er fragt, ob wir morgen kommen wollen oder noch heute. Wir fahren direkt los. Diese Kotzschaukel von Proton möchte ich lieber jetzt als gleich loswerden. Mein Magen dreht sich schon wieder auf links. Keine Ahnung, warum mich das Auto nicht leiden kann. Egal, 20 Minuten später stehen wir bei Mr. Chang auf dem Hof und tauschen erleichtert die Fahrzeuge.

Es ist Samstagabend und es regnet wie aus Kübeln. Auf der kurvenreichen Strecke haben sich Seen breitgemacht und die Malaien fahren, wie sie immer fahren: Optimistisch und am Rande des Wahnsinns. Die Ambulanz haben wir schon häufig im Einsatz gesehen. Heute zum Glück nicht. Zuhause angekommen beginnt endlich die Entspannung, es war mal wieder ein ereignisreicher Tag. Der Sundowner fällt allerdings aus, denn die Sonne ist hinter dem Regenvorhang und der Wolkenfront nicht zu finden. Wir umschmeicheln unsere Mägen mit leckeren Speisen und einem Glas Wein, aktivieren das Heimkino und warten, dass uns das monotone Prasseln des Regens in den Schlaf wiegt.

Ralfs Randnotiz:

Fahrzeuge der Marke Proton waren uns bisher nicht bekannt. Da musste ein wenig Recherche her. Also: Proton ist eine malaysische Automobilmarke, die seit 1983 existiert. Um das Jahr 2000 herum hatte Proton in Malaysia einen Marktanteil von etwa 60%, seitdem sinkt der Absatz aber kontinuierlich. 1995 wagte sich Proton sogar auf den deutschen Markt, aber aufgrund enttäuschender Verkaufszahlen zog sich die Fahrzeugschmiede bald wieder zurück. Susanne würde sich vermutlich auch keinen Proton anschaffen.

Sonntag, 23.06.

Es hat die Nacht durchgeregnet und hört einfach nicht auf. Immerhin ist es nicht mehr so stürmisch, das macht es deutlich erträglicher. Wir schlafen recht lange, weil es einfach nicht hell wird.

Dann gehe ich mit HobNob eine Runde durch den Regen. Der ist aufgrund meiner für ihn ungewohnten roten Regenjacke irgendwie verunsichert – sehr lustig. Pitschnass wie ich bin, gehe ich duschen.

Während der Frühstücksvorbereitungen kommt Phil durch den Regen zu uns rüber gestapft. Der Kurzurlaub der beiden endet schon heute. Sie möchten um 17:30 Uhr zum Flughafen gebracht werden. Ok, das erledigen wir gerne.

Nach dem Frühstück fahren wir nach Kuah zum Einkaufen. Das ist so ziemlich das einzige, was man bei der feuchten Dauerberieselung unternehmen kann, ohne depressiv zu werden. In Kuah haben sie wieder einmal mehrere Busladungen lautstarker

Chinesen ausgeworfen. Die haben echt keine Sozialkompetenz, da kann man nur weglaufen. Nachdem wir unsere Vorräte etwas aufgestockt haben, fahren wir noch bei Mr. Chang vorbei, die Rechnung bezahlen. Gestern wollte er kein Geld annehmen, sondern erstmal mit Jack sprechen. Das habe ich Jack direkt geschrieben. Als Antwort kam heute Morgen ein Foto der Rechnung mit der Bitte, diese zu begleichen. So viel zur von Jack so geschätzten Effizienz. Egal, Mr. Changs Car Clinic liegt ja fast auf dem Weg. Wir zahlen 125 Ringgit für die Kühlerreparatur und noch einmal 5 Ringgit für die Reparatur des durchgeschmorten Batterieladegerätes für den Oldtimer.

Es regnet immer noch, keine guten Voraussetzungen für ausgelassene Freizeitaktivitäten, also fahren wir wieder nach Hause. Die Bücher wollen schließlich auch gelesen werden.

Am Nachmittag wandern wir mit HobNob durch die Reisfelder. Inzwischen hat es aufgehört zu regnen, aber die Bewässerungskanäle sind übergelaufen und sorgen für eine wahre Schlammschlacht. Unseren kleinen Abenteurer freut es.

Zuhause stelle ich HobNob noch schnell sein Futter bereit, bevor wir uns fertig machen müssen für die Tour zum Flughafen. Angela und Phil sind abfahrtsbereit und gut gelaunt. Zwei wirklich nette Menschen, die unglaubliches Pech mit dem Wetter hatten, das tut uns richtig leid. Selbst die Mangroventour, die sie machen wollten, ist ins Wasser gefallen. Es trifft immer die Falschen.

Wir lassen sie pünktlich am Airport raus und damit endet eine interessante Episode, nämlich die der Gästebetreuung. Wir durften Urlauber mit ganz unterschiedlichen Charakteren und Vorlieben kennenlernen und wir sind mit (fast) allen super klargekommen. Drei Mal sind wir bewertet worden, jeweils mit fünf Sternen. Was will man mehr?

Zufrieden besprechen wir die neue Situation: Wir haben keine Gäste mehr, aber haben wir deshalb klassischen Urlaub? Nein, auf dem Grundstück gibt es genug zu tun. Aber wir können uns die Zeit ab sofort besser einteilen und uns freier bewegen. Zur

Feier des Tages fahren wir beim chinesischen Supermarkt in Matsirat vorbei und gönnen uns noch eine Packung köstlichen Räucherlachs.

Dann geht es nach Hause und HobNob begrüßt uns wieder mit seinem ulkigen „Willkommens-Slalom-Sprint". Es ist schon Zeit für das Abendessen und weil sich Regen und Wolken nun endlich verzogen haben, hocken wir uns oben auf das riesige Sofa, genießen die wiedererlangte Fernsicht mit einem Glas Bordeaux und einem für diese Gegend exotischen Lachstoast mit Ei. So schön kann das Leben sein.

Ralfs größte Wunde am Knie ist auf einem guten Weg, aber immer noch nicht ganz trocken. Es ist Sonntagabend, und einer guten alten Tradition folgend gucken wir uns einen Tatort an. Ich schaffe ihn allerdings nicht ganz, Ballauf und Schenk müssen ohne mich weiter ermitteln, ich bin müde.

Ralfs Randnotiz:

Mit dem Wirtschaftsaufschwung im Rücken können endlich auch viele Chinesen ihre Reiselust ausleben. Langkawi ist eines ihrer liebsten Urlaubsziele in Asien. Sie kommen gerne hierher, und sie kommen immer in Gruppen. In großen Gruppen. Wenn sie dann in einen Supermarkt einfallen, ist Flucht die einzig sinnvolle Reaktion. Mangels Reiseerfahrung ist fast jedes Produkt neu für sie und muss aus dem Regal gezerrt und lautstark kommentiert werden. Gelächter, Geschiebe und Gedränge in den engen Gängen sind die Folge. Der Reiseleiter mit der unvermeidlichen gelben Fahne hat dann größte Mühe, die aufgekratzte Meute wieder einzufangen und in den Bus zu bugsieren.

Montag, 24.06.

Die Spaziergänge mit HobNob am Strand fallen im Moment aus und dieses Mal nicht wegen der Gezeiten. Der sonst so träge Fluss hat sich aufgrund der letzten Regenfälle in einen reißenden Strom verwandelt, so dass wir ihn selbst bei Ebbe nicht überqueren können. Und Ralf mit seiner offenen Wunde sollte die trübe Brühe mal besser meiden. Der Weg am Flussufer entlang zum Strand Richtung Four Seasons Resort ist uns auch versperrt. Eine heftige Flut hat viel Sand an Land gespült und dadurch die Flussmündung verschoben. Nun ist uns ein wild überwucherter Hügel im Weg. Seitdem müssen wir immer erst den Fluss überqueren, wenn wir zum Strand wollen. Also gehen wir mal wieder die Inlandsrunde. Auch gut, ich nehme die Kamera mit, wir kraxeln los und ich kann ein paar schöne Landschaftsaufnahmen im morgendlichen Licht machen. Meine Laufschuhe lösen sich nun endgültig in ihre Bestandteile auf, weitere Stücke der Sohle bleiben auf der Strecke.

Es bleibt noch Zeit für das Frühstück, bevor unsere Putzfee Sari antrabt. Heute habe ich ihr das Zimmer im Erdgeschoss anvertraut, damit wir bald wieder nach unten ziehen können. Aber sie erledigt ihren Job mal wieder nur äußerst oberflächlich, so dass wir direkt anschließend nochmal putzen müssen, das ist wirklich ohne Worte. HobNob sieht es genauso, er kläfft sie nach wie vor an, wenn sie eintrifft und dann nochmal zum Abschied.

Zum Abreagieren widme ich mich einer einfachen, aber nie enden wollenden Tätigkeit, nämlich Äste aufsammeln. Ruckzuck bin ich wieder durchgeschwitzt. Es folgt ein kleiner Mittagssnack mit anschließender Siesta, bevor es mit Wäsche waschen weitergeht.

Dann sauge ich noch den Pool. Es gibt keinen begehbaren Beckenrand, also erledige ich das im Wasser stehend. Eigentlich ist es Ralfs Job, der kann aber gerade aufgrund seiner offenen Wunde nicht. Na ja, es gibt schlimmere Aufgaben. Die Sonne scheint und die Erfrischung im Pool kommt da ganz gelegen. Das reicht dann auch an Aktivitäten für heute. Zum Dinner gibt es nochmal leckeren Lachstoast, was soll der Geiz...

Ralfs Randnotiz:
Vor gut zwei Wochen hatte ich zum ersten Mal die losen Sohlenteile von Susannes Laufschuhen festgeklebt. Mit dem australischen Schuhsohlenkleber, erprobt in der Hitze des Outbacks.

Das Wundermittel hat nur drei Tage gehalten. Anscheinend ist der Kleber die hohe Luftfeuchtigkeit nicht gewohnt. Jedenfalls repariere ich die Schuhe seitdem nach jedem Einsatz. Trocknen, säubern, Kleber drauf, festpressen, aushärten lassen, fertig. Mit der Gewissheit, dass die Laufsohle morgen schon wieder lose runterhängen wird. Langsam geht's mir auf den Sack.

Dienstag, 25.06.
Auch heute beginnt der Tag wieder mit einem Inlandsspaziergang. Wir gehen mit HobNob und Kamera Richtung Fischerdorf, um ein paar Impressionen einzufangen.
Dann kümmere ich mich um den Bambus. Es ist tatsächlich schon 40 Tage her, dass ich die Stauden das letzte Mal gestutzt habe. Unglaublich, wie die Zeit vergeht. Ich schaffe alle Halme der neun Bambusstauden entlang der Einfahrt und nun darf Ralf mal wieder die Gartenscheren schärfen. Ich bin komplett nass geschwitzt und völlig ausgepowert, dieses Klima raubt einem die gesamte Energie. Selbst nachdem ich reichlich getrunken und danach geduscht habe, bin ich noch zu nichts fähig und muss mich erstmal hinlegen. Nachmittags beginnt es unerwartet zu regnen, so dass unsere Überlegungen zu einem Ausflug

weggeschwemmt werden. Dann vertreiben wir uns die Zeit eben mit unserer Lektüre, auch gut. Ich brüte irgendetwas aus, plötzlich ist mir kalt. Und das bei dieser Hitze. Ich mummele mich ein und könnte stehend einschlafen. Eigentlich wollten wir heute Abend mal eines der kleinen Restaurants besuchen, die während der Ramadanzeit geschlossen hatten, doch daraus wird nichts.

Es gibt stattdessen ganz spartanisch ein paar Reste zu futtern. Dann wickle ich mich in eine Decke ein, mache es mir auf dem Sofa bequem und beobachte eine große Fledermaus, die direkt über unseren Köpfen unter der Wohnzimmerdecke ihre Runden dreht. Jeden Tag gibt's neue Naturerlebnisse.

Während des nachfolgenden Films merke ich schnell, dass ich der Handlung kaum folgen kann, ich bin echt gesundheitlich angeschlagen. Ab in die Koje, diese Nacht ohne kühlenden Ventilator, dafür mit einer wärmenden Decke.

Mittwoch, 26.06.

Der Muezzin scheint verschlafen zu haben, heute Morgen meldet er sich erst um kurz vor sechs. Ich stehe wenig später auf und friere direkt wieder. Also mummele ich mich ein als wäre es Winter, dabei zeigt das Thermometer 27 Grad an. HobNob ist sehr verschmust und anhänglich, vermutlich merkt er, wie schlecht ich mich fühle. HobNob, der Therapiehund.

Als wir dann den morgendlichen Spaziergang Richtung Reisfelder andeuten, ist er völlig aus dem Häuschen und verkörpert Lebensfreude pur.

Nach der Rückkehr gibt es nur ein asketisches Frühstück, denn der Kühlschrank ist ziemlich leer. Heute müssen wir mal die Vorräte auffüllen.

Den Vormittag verbringen wir mit Routinearbeiten und diversen kleinen Reparaturen. Nach dem Mittagssnack starten wir zu einer weiteren Ausflugs- und Einkaufs-Kombitour. Unser Ziel ist das Dorf der Bücher am Fuß des Gunung Raya. Die hiesige Buchsammlung umfasst, so haben wir gelesen, verschiedene

Abteilungen, die in sehenswerten Häusern im Kampung-Stil untergebracht sind. Wir finden den kleinen Kulturkomplex auch, aber er hat geschlossen. Es sieht auch nicht so aus, als würde er in diesem Leben nochmal öffnen.

Dann machen wir halt Dschungeltrekking im direkt nebenan gelegenen Darulaman Sanctuary. Es führt ein ca. ein Kilometer langer asphaltierter Weg in den Bergdschungel, eine Art Urwald-trekking light, aber trotzdem interessant. Spinnweben wollen uns vom Eindringen in den Wald abhalten, aber wir lassen uns von dem Jucken auf der Haut nicht stören. Riesenameisen haben sich gut organisiert zu einer gewaltigen Ameisenstraße zusammengeschlossen, wir hören Vogelgeschrei und kommen an imposanten Bäumen vorbei, die erfolglos gegen Würgefeigen kämpfen. Je weiter wir gehen, desto mehr ist der Pfad über-wuchert. An einem kleinen Bach sitzt ein Einheimischer und angelt. Schmetterlinge flattern ziellos umher. Ein friedliches Bild im Dschungel, wo jedoch für Pflanzen und Tiere das Recht des Stärkeren herrscht.

Auf dem Rückweg machen wir noch eine erstaunliche Entdeckung: Langschwanzaffen schwingen sich lautlos durch die Blätterdächer der Bäume und geben auch sonst keinen Ton von sich. Ein echter Kontrast zu manch anderen Affenarten, die gerne laut kreischend unterwegs sind.

Dann fahren wir nach Kuah zum Einkaufen, ich habe jedoch erste Anzeichen eines „Asienkollers". Die angebotenen Delikatessen sprechen mich nicht mehr so richtig an und die Kundenbeschallung in den Supermärkten nervt auch allmählich. Der Einkauf fällt dementsprechend übersichtlich aus.

Auf der Rückfahrt halten wir noch bei unserem Lieblings-Donut-Bäcker am Kreisverkehr in Ayer Hangat und kaufen ein paar seiner frischen Fettkringel. Zuhause angekommen zelebriert HobNob wieder sein freudiges Begrüßungsritual und rennt in vollem Tempo durchs Haus und drum herum. Man muss ihn einfach lieb haben. Nachdem der Wagen ausgeräumt ist und die E-Mails gecheckt sind, entdecke ich einen stattlichen Waran im

Garten. Das ist eins der größten Viecher dieser Art auf Langkawi, von Schnauze bis Schwanz vielleicht 1,50 m lang. Aus der Entfernung kann ich noch ein Foto von der Riesenechse machen, bevor sie im Gebüsch verschwindet. HobNob, der Waranjäger hat nichts gemerkt. Wow!

Den Abendspaziergang mit unserem Wollknäuel absolviert Ralf alleine. Anschließend machen wir uns auf den Weg zu dem kleinen thailändischen Restaurant. Es sind nur wenige Gäste da, trotzdem dauert es in der Küche recht lange. Das gibt uns die Möglichkeit, das geschäftige Treiben zu beobachten. Unentwegt kommen Kunden mit Mopeds vorgefahren, die Essen bestellen und mit nach Hause nehmen. Der Fernseher läuft, eine ganze Schar Kleinkinder wieselt umher und deren Mütter kochen, nehmen Bestellungen auf und kassieren ab.

Irgendwann kommt auch unser Essen: Prawn Tom Yam und Chicken Cashew Nut mit Reis. Wir begnügen uns mit den kleinen Portionen, die sind völlig ausreichend und richtig lecker. Macht 11 Ringgit pro Person. Inklusive Meerblick.

Dann schlendern wir nach Hause, um ein Glas Wein nach dem Essen zu genießen, bei den Thais gibt es keinen Alkohol. Der nun folgende, einschläfernde Film sorgt dafür, dass wir früh im Bett verschwinden. Ein heftiger Regenschauer lockt uns jedoch wieder aus den Federn, schlaftrunken flitzen wir durchs Haus und retten, was zu retten ist.

Ralfs Randnotiz:
Wie in jedem Land gibt es auch in Malaysia junge und jung-gebliebene Männer, deren liebstes Hobby es ist, ihre Autos zu tunen. Also cruisen auf Langkawi PS-Monster mit aufwändigen Lackierungen, Breitreifen, glitzernden Felgen und Turbolader umher. Herrlich unsinnig bei einer erlaubten Höchstgeschwin-digkeit von 80 km/h auf der Insel. Besonders deplatziert sind die tiefer gelegten und mit Frontspoilern protzenden Boliden. Wir kommen fast täglich in den Genuss des Schauspiels, wie be-sorgte Piloten im Schneckentempo erfolglos versuchen, unebene Passagen auf der holprigen Straße zu meistern. Und schon hören wir wieder das vertraute, für den Fahrer so unerträglich lange Geräusch: Der Spoiler kratzt über den Asphalt.

Donnerstag, 27.06.
Heute ist der Tag der Krabbeltiere! Ich bin dank des Muezzins schon ziemlich früh wach, denn er war wieder pünktlich. Im Halbdunkel stapfe ich in die Küche und koche Tee, dann mache ich es mir oben auf dem breiten Sofa gemütlich und kümmere mich um meine Lektüre.
Allerdings endet die Gemütlichkeit ziemlich abrupt, als ich im Augenwinkel zwei Beine sehe, die hinter einem Sofakissen hervorgucken. Gaaanz vorsichtig stehe ich auf und bringe erstmal alle Klamotten in Sicherheit. Mir ist direkt klar, dass ich eigentlich nicht so genau wissen will, was an den beiden Beinen hängt, aber was sein muss, muss sein. Ich nehme meinen ganzen Mut zusammen und klappe das große Kissen um. Dahinter kommt eine handgroße Spinne zum Vorschein – Auweia!
Ich weiche zurück und behalte das Vieh dabei im Auge. Der Achtbeiner muss verschwinden, aber wie? Ralf bringt Spray gegen Kakerlaken, damit versuche ich die Spinne zu betäuben.

Aber sie flüchtet und seilt sich blitzschnell in die untere Etage ab. Dort entdecke ich die Spinne aber sofort und dann erleidet sie den plötzlichen „Schuhtod". Das war ein gewaltiger Schreck in der Morgenstunde. Gut, dass Henrike das Exemplar nicht gesehen hat.

Kaum bin ich wieder oben, finde ich einen auf dem Rücken liegenden Gecko im Ankleidezimmer. Oje, der hat's auch hinter sich.

Weitaus lebendiger ist HobNob auf unserer Runde durch die Mangroven. Vom Weg aus beobachten wir ein paar Einheimische, die barfuß im schwarzen Brackwasser stehen und Krebse fangen. Alltägliche Nahrungsbeschaffung in Ayer Hangat. Unterwegs verliere ich weitere Teile meiner Schuhsohle, die Treter gehen inzwischen kaum noch als Schuhe durch, eher als Sandalen.

Als wir zurückkommen, gibt's eine Überraschung: Das Einfahrtstor steht offen! Mal schauen, wer sich da auf unserem Grundstück herumtreibt. Es ist natürlich Sari, die heute ohne Absprache einfach mal eine Stunde früher gekommen ist. HobNob begrüßt sie gewohnt freundlich.

Wir sind flexibel und verschieben das Frühstück auf später, denn Sari hat die untere Etage bereits unbewohnbar gemacht. Irgendwann können wir uns dann doch noch stärken.

Sari muss heute früher weg, in der Schule ist Elterntag, sie will dann am Montag nacharbeiten. Wir werden sehen.

Die Gartenarbeit lockt uns ins Grüne, diesmal werden vor allem abgeknickte Palmblätter abgetrennt. Je nach Palmenart kommt die Gartenschere, die Machete oder die Säge zum Einsatz.

Unser Mittagssnack fällt übersichtlich aus, denn der Kühlschrank ist leer und einkaufen klappt auch nicht so richtig, schließlich glaube ich den „Asienkoller" zu haben. Irgendwie mag ich die asiatischen Gerüche nicht mehr so gerne und größere Menschenansammlungen wie im Supermarkt nerven mich mehr denn je. Ralf ist der Überzeugung, dass sich mein Zustand nicht mehr bessern wird, bis wir nach Hause fliegen. Na super, tolle Aussichten. Abends fabriziere ich ein kreatives Essen aus unseren wenigen restlichen Vorräten, aber mit einem begleitenden Wein schmeckt es gar nicht so schlecht. Die Mücken versuchen mal wieder uns aufzufressen, dafür friere ich nicht mehr.

Ralfs Randnotiz:

Im Erdgeschoss gibt es ein kleines Besucherbadezimmer, mit Dusche, Waschbecken und WC. Der Raum ist fensterlos und luftdicht abgeschlossen. Einer meiner Jobs ist es, regelmäßig den Raum zu lüften und die Kakerlaken zu entfernen. Heute liegen mal wieder zwei auf dem Rücken und drei flitzen über den Boden. Die Küchenschaben zu fangen ist gar nicht so leicht, sie haben gute Augen und können anscheinend Gedanken lesen. Wenn sie sich dann noch hinter einem Abwasserrohr oder in einem Spalt verstecken, hilft nur noch das Kakerlaken-Spray. Luft anhalten, ordentlich sprühen, Tür zu und warten. Nach einiger Zeit sind sie dann so benommen, dass ich sie problemlos entfernen kann. Aber wo kommen die verdammten Viecher nur her, durch den Duschabfluss oder aus dem WC? Man weiß es nicht so genau.

Freitag, 28.06.

Die Nacht war unruhig, HobNob hat einen Störenfried ausgemacht und ist bellend losgewetzt. Also aufstehen und mit der Taschenlampe das Grundstück absuchen. Fehlalarm, aber alle sind erstmal wach.

Morgens geht Ralf alleine mit unserem Hund los, ist aber zügig wieder zurück. HobNob hat unterwegs übel gewürgt und dann gekotzt, hoffentlich erholt er sich schnell wieder. Das Frühstücksfutter mampft er aber wie gewohnt mit Appetit, wir werden ihn weiter beobachten.

Dann überlegt sich Ralf, dass er den Gunung Raya mit dem Fahrrad rauf will. Er hatte ja schon vor Wochen aus den vier vorhandenen Mountainbikes zwei halbwegs fahrtüchtige Räder gebastelt. Doch ob er mit solch einem Zirkusfahrrad den Berg bezwingen kann, werden wir noch sehen. Da der Weg bis zum Fuß des Gunung Raya kaum fahrradtauglich ist, transportieren wir das Bike mit dem Auto zum Startpunkt. Der Plan ist, den Berg nur hoch zu fahren. Die Serpentinenabfahrt – üblicherweise der geilste Ritt für Biker – verkneift er sich, weil wir den Bremsen nicht trauen.

Ich setze mich erstmals ans Steuer und los geht es. Zunächst muss ich mich an das Auto gewöhnen und dann auch noch links fahren, aber es klappt. An der Straßenabzweigung Richtung Gunung Raya halte ich an und wir laden das Fahrrad aus.

Ralf fährt los. Vor ihm liegen 13 km bergauf, 881 Höhenmeter mit bis zu 15% Steigung, doch die steilsten Rampen kommen erst kurz unter dem Gipfel. Das kann nur sehr schweißtreibend werden. Also spiele ich Begleitfahrzeug, fahre etwas vor, halte immer wieder an und erwarte ihn, um ein paar Fotos zu schießen.

Nach nur einem Kilometer durch den üppigen Regenwald ist er bereits komplett nass geschwitzt. Gegen Hitze und Durst hat er zwei große Trinkflaschen dabei. Während Ralf sich weiter Kurve um Kurve dem Gipfel entgegenkämpft, beobachte ich Makaken-affen und viele Vogelarten.

Unterwegs lichtet sich der Dschungel mehrfach und gibt traumhafte Blicke auf einige der 98 vorgelagerten Kalkstein-inseln frei.

Dann hat Ralf es schließlich geschafft. Ziemlich geschlaucht aber glücklich steht er auf dem Gipfel und gemeinsam genießen wir den Panoramablick über die Andamanensee mit den thai-ländischen Inseln am Horizont. Wir machen noch ein paar Bilder, laden das Bike in den Toyota und wollen zurückfahren, doch der Wagen geht immer wieder aus.

Na super, bitte nicht schon wieder. Der Motor ist anscheinend zu heiß geworden, obwohl die Temperaturanzeige im grünen Bereich ist. Ok, dann warten wir ein bisschen. Das hilft tatsäch-lich, irgendwann springt der Wagen wieder an und fährt uns auch tapfer bis nach Hause.

Auf den letzten Metern sehen wir noch drei Radfahrer vom Tanjung Rhu-Strand zurückkommen. Zwei haben wir erkannt, es waren Sri und Thomas. Kaum im Haus angekommen, erhalten wir eine WhatsApp von Lucy, sie will noch etwas von Olivia zurückbringen. Fünf Minuten später ist sie da, im Biker-Outfit. Haha, sie war mit Sri und Thomas Radfahren, wir haben sie unter dem Helm nur nicht erkannt.

Ein bisschen Pause, dann schneide ich noch die restlichen Bambusstauden und mache einen letzten Heckenschnitt, das reicht bis zur Rückkehr von Olivia und Jack.

HobNob hat sich etwas erholt und will auch schon wieder Ball spielen, wir sind echt erleichtert. Am frühen Abend fahren wir runter zum Nachtmarkt, um etwas Essbares zu holen. Ich entdecke wieder Appetitliches, vielleicht geht es nochmal aufwärts mit mir. Ein Film beschließt den Tag, wir schlafen beide schon mal eine Runde vor, bevor wir dann tatsächlich in die Koje gehen.

Ralfs Randnotiz:
Über den Nachtmarkt zu schlendern und sich an den verschiedenen Garküchen von Gerüchen und Gerichten anlocken zu

lassen, ist immer ein kleines Fest der Sinne. Aber aufgepasst: Viele Straßenstände haben ein Wellblechdach, welches Regen und Sonne abhalten soll. Die Dächer sind scharfkantig, aber so angebracht, dass sich kein Malaie den Kopf stoßen kann. Malaien nicht, aber Mitteleuropäer!

Samstag, 29.06.

Heute Morgen drehe ich mit HobNob eine Runde durch die Siedlung, er ist total brav, alles ist gut. Nach dem Frühstück wollen wir nochmal nach Kuah zum Einkaufen fahren. Unsere Organisation hat leider total versagt, es ist Samstag, Tag der Völkerwanderung. Aber wir haben keine Wahl, der Kühlschrank ist leer. Bevor wir losfahren, kontrollieren wir vorsichtshalber den Wasserstand im Kühler, und da passt schon wieder ganz schön was rein. Das Kühlsystem ist immer noch nicht dicht, Mr. Chang hat anscheinend gepfuscht.

In Kuah können wir heute auf dem Knöllchenplatz parken, denn freitags und samstags kostet es nichts, so viel wissen wir jetzt. Schnell ein paar Sachen einkaufen bevor wir überrannt werden, dann schlendern wir durch einen Teil des Legend Parks, den wir bisher noch nicht gesehen haben. Dort gibt es wunderschöne Seerosen, ein paar Warane, aber leider auch eine Menge Müll zu bestaunen. Wir integrieren noch den Eagle Square und die Jetty in den Rundweg und fahren dann zum Supermarkt im Kinokomplex. Der Einkauf wird komplettiert und schon machen wir uns wieder auf den Weg nach Hause.

Komisch, heute waren die Läden gar nicht völlig überlaufen. Das verstehe, wer will. Ralf will unbedingt noch den Laubbläser in einer Reparaturwerkstatt abgeben, die Idee gefällt mir nicht, aber er will unbedingt. Ich kaufe in der Zwischenzeit ein paar Donuts. Ralf klappert die Werkstätten ab und erst in der vierten erklärt sich ein Bastler bereit, das Ding anzunehmen. Es sind halt Moped-Werkstätten.

Dann gibt es einen kurzen Mittagssnack, garniert mit noch ofenwarmen Donuts, echt lecker. Nachmittags tun wir uns die

Ruhe an, um die Ausgewogenheit zwischen Arbeit und Urlaub zu wahren.

Ralf zieht den Abendspaziergang etwas vor und geht mit HobNob an den Strand, endlich wieder an den Strand. HobNob jagt Krebse, Wellen und Bälle. Es geht ihm offensichtlich wieder gut. Der Horizont verdunkelt sich, es sieht nach Regen aus, es kommt aber nichts runter. Abendessen, Film, Schlafen, so unspektakulär kann es selbst hier mal sein.

Sonntag, 30.06.

Es ist extrem schwül, der Schweiß läuft in Strömen. Wir gehen eine kleine Runde durch die Reisfelder und können die Reisbauern beobachten. Da wird eifrig gesät und auf manchen Feldern sprießt schon wieder das erste zarte Grün. Unglaublich, wie schnell das geht, vor ein paar Tagen haben sie doch gerade erst die letzte Ernte eingefahren. HobNob interessiert sich nicht für den Reisanbau, er will lieber sein Geschäft erledigen. Er startet mehrere Versuche, ist aber nicht erfolgreich. Mach dir nichts draus, so geht's den Menschen auch manchmal.

Das Frühstück nehmen wir gefühlt in einer Dampfsauna ein. Es ist der helle Wahnsinn, wie der Schweiß heute läuft.

Im Anschluss widmen wir uns dem Pool, das Wartungsintervall steht an. Prefilter säubern und Backwash verlaufen reibungslos. Grünspan abschrubben klappt auch, nur beim anschließenden Saugen fällt mal wieder etwas auseinander. Der Aluminiumstab, an dem der Saugkopf hängt, ist plötzlich zerbröselt. Radikale Korrosion, hier ist echt alles marode. Das Klima kennt keine Gnade und frisst alles auf, unglaublich. Ralf findet eine Lösung, die Stange zu flicken. Mal schauen, wie lange das Provisorium hält. Jetzt noch Chlor gleichmäßig im Swimmingpool verteilen, dann ist der Job erledigt.

Ich inspiziere unsere Sachen im Ankleidezimmer, weil ich schon das eine oder andere eine Etage tiefer schaffen will. In dem Zimmer am Pool ist es doch etwas geschützter. Dabei stelle ich fest, dass unsere Reisetaschen schon Stockflecken haben! Das ist der Preis, wenn das Haus halb offen gebaut ist. Das feucht-heiße Klima kann fast ungestört in jede Ritze kriechen. Wenn man keine Arbeit hat, macht man sich welche. Alles abwaschen, trocknen lassen und runter schaffen. Vorsichtshalber prüfe ich auch mal unsere Textilien, auch da machen sich schon Stock-flecken breit. Ok, ab in die Waschmaschine damit.

Nachmittags geht Ralf eine Runde laufen, nachdem der erste Belastungstest für das ramponierte Knie beim Radfahren keine Beschwerden nach sich gezogen hat.

Er kommt mit verschiedenen Neuigkeiten zurück. Erstens: Der thailändische Imbiss hat heute Abend geöffnet. Gut, dann können wir dort essen gehen. Zweitens: Der Laubbläser ist noch nicht fertig. Der Motorenbastler war nicht da, aber das lär-mende Pusteaggregat lag zumindest schon mal zerlegt in der Werkstatt. Drittens: In den Mangroven haben sich zwei Vögel in einem Netz verfangen und können sich nicht befreien. Ohne Schneidwerkzeug konnte er ihnen nicht helfen.

Also fahren wir schnell nochmal los, Mission Vogelrettung. Wir parken das Auto an der Straße und gehen zu Fuß zwischen den Mangroven entlang, begleitet von Hornbills, Affen und Echsen, der Wald ist mal wieder sehr lebendig. Ich habe eine Schere und einen Gummihandschuh mitgenommen.

Die beiden Vögel hängen immer noch in dem engmaschigen Netz. Ich ziehe mir einen Gummihandschuh an, damit mich die Vögel mit ihren Schnäbeln nicht verletzen können, nehme das erste Federvieh vorsichtig in die Hand und schneide langsam das Netz rundherum ab. In seiner Panik attackiert das Tier meine Hand und beißt in die Schere. Das macht es nicht leichter.

Nach etlichen Schnitten habe ich das Vögelchen befreit und will gerade noch die letzten Fäden aus dem Gefieder entfernen, da fliegt es schon davon. Rettungsmission Nr. 1 scheint geglückt. Nun folgt Teil 2. Dieser Gefangene hat einen gelben Kopf und scheint ein Webervogel zu sein. Er hat mehr Kraft und wehrt sich ordentlich, beißt auch in die Schere, doch mit etwas Geduld und vorsichtigem Schneiden gelingt es mir, auch dieses Vögelchen aus dem Netz zu befreien. Wieder bleiben noch Fäden übrig, die ich nicht mehr entfernen kann. Das scheint dem Vogel egal zu sein, er flattert davon, ab in die Freiheit. Wir freuen uns mit den beiden. Aber was ist das überhaupt für ein Netz? Ist es bewusst aufgestellt worden, um Vögel zu fangen? Rote Karte den Vogel- quälern!

Zurück am Auto erwartet uns das nächste Drama. Die Fern- bedienungsfunktion des Autoschlüssels funktioniert nicht mehr. Also versuchen wir es auf die klassische Art und stecken den Schlüssel ins Schloss, um das Auto aufzuschließen. Haha, das wäre ja zu einfach. Und hier auf Langkawi ist überhaupt nichts einfach! Denn das mechanische Öffnen der Tür löst die Diebstahlsicherung aus, na super. Der Toyota hupt lautstark vor sich hin und lässt sich auch nicht starten. Tolle Elektronik. Tech- nik, die begeistert. Etliche Versuche, die Diebstahlsicherung zum Schweigen zu bringen oder den Wagen zu starten, laufen ins Leere.

Schließlich schaffen wir es unter Zuhilfenahme der englischen Bedienungsanleitung und einer guten Portion Interpretations- vermögen doch noch, die Elektronik zu überlisten. Der Toyota hört auf zu hupen und startet auch wieder. Dann können wir jetzt endlich nach Hause fahren. Das ist wirklich nicht zu glauben, hier fällt einfach alles auseinander oder gibt den Geist auf. Aber etwas Positives hat der Job in jedem Fall: Es wird nie langweilig, dafür wartet zu oft eine neue Herausforderung auf uns. So bleibt man geistig rege.

Bevor wir uns zum Thai unseres Vertrauens aufmachen, gibt's erstmal ein Glas Chablis. Das ist aber auch nötig nach den Aufregungen. Das kleine Restaurant ist heute wieder gut be- sucht und da wir die letzten eintreffenden Gäste sind, bekommen wir auch als letzte unser Essen. Das ist frisch gekocht, appetitlich angerichtet und schmeckt prima.

Wieder zuhause, geht unser Technik-Drama in die nächste Runde. Wir wollen noch einen Film gucken, aber der läuft viel zu schnell und hat eine gruselige Auflösung. Keine Ahnung, warum.

Zweiter Versuch bei YouTube, das funktioniert. Endlich können wir uns entspannt zurücklehnen. Plötzlich stoppt der Film nach ca. 30 min Laufzeit. Was ist nun schon wieder? Keine Ahnung, der Bildschirm ist schwarz. Wir warten eine Weile, doch es geht nicht weiter. Also probieren wir es mit einem anderen Film. Wir haben uns gerade in die Story reingedacht, da stoppt auch dieser Film, stattdessen erscheint die Sanduhr auf dem Bildschirm. Die Internetübertragungsrate scheint unterirdisch zu sein, das wird wohl heute nichts mehr.

Dann lesen wir eben noch ein paar Seiten, ich gehe dazu schon mal ins Bett. Irgendwann höre ich komische Geräusche. Ralf ruft von der Veranda aus, dass sich der Film entschlossen hat, weiter zu laufen. Jetzt wollen wir aber nicht mehr.

Montag, 01.07.
Vor dem Frühstück gehen wir wieder Richtung Reisfelder und schauen uns das interessante Treiben an. HobNob trabt brav neben uns her. Sari schickt eine WhatsApp, dass es ihr nicht gut geht und sie beschlossen hat, heute nicht zu kommen. Auch gut, dann haben wir wenigstens unsere Ruhe. Gute Besserung!

Mal gucken, was wir heute reparieren können und was noch so alles kaputt geht. In der Dose mit den Ersatzbatterien habe ich tatsächlich eine passende Knopfzelle für den Autoschlüssel gefunden. Ralf tauscht sie aus, jetzt wird's spannend: Die Fernbedienung funktioniert trotzdem nicht. Ok, dann macht das blöde Auto eben immer Alarm, wenn wir es aufschließen. Wir kennen ja jetzt den Trick, wie man das Gehupe abstellt.

Ich sortiere unsere Textilien und treffe schon mal eine Vorauswahl, welche Klamotten schon so ramponiert und verschlissen sind, dass sie die lange Reise nach Hause gar nicht mehr antreten brauchen. Dann arbeite ich mit dem Rasentrimmer, bis ich die Arme nicht mehr heben kann und mal wieder völlig durchnässt bin. Das dauert zwei Akkuladungen.

Ralf ist ins Dorf gefahren, um den Laubbläser abzuholen. Er kommt tatsächlich mit dem funktionierenden Gartengerät zurück, 25 Ringgit hat der Spaß gekostet. Jetzt wird erstmal die hundert Meter lange Schottereinfahrt vom Laub befreit, das musste die letzten beiden Monate warten, da der Laubbläser keine Lust hatte.

Meine Schuhe haben inzwischen einen neuen Höhepunkt des Verfalls erreicht. Neben der Laufsohle, die sich immer wieder von der Zwischensohle löst, hat sich nun auch die Zwischensohle von der Decksohle verabschiedet. Das ist ein Gefühl wie beim Skilanglauf. „Hallo Ralf, kannst du bitte mal wieder meine Schuhe kleben?" Eine Woche müssen sie noch halten.

Ich gehe zur Abkühlung in den Pool und anschließend unter die Dusche. Jacks Vorschlag in Sachen Autoschloss per WhatsApp: „Dann schließ den Wagen doch einfach nicht ab!" Ok, das ist leicht umzusetzen.

Zum Dinner habe ich uns Gulasch gekocht, trotz alternativer Zutaten schmeckt es sogar ein bisschen nach Gulasch. Die Freude darüber wird aber von meinen Halsschmerzen überlagert. Direkt nach dem Abendessen verziehe ich mich ins Bett, bei dem Klima sind Halsschmerzen echt ätzend. Ich schwitze mich dann durch die Nacht, obwohl es mir gleichzeitig eher kalt ist, und das bei 29 Grad.

Ralfs Randnotiz:

Ich brauche eine Schaufel für die Gartenarbeit, also schnappe ich mir ein Exemplar aus Jacks Schuppen. Beim ersten Stich in die Erde bricht das Ding entzwei, der Holzgriff ist morsch. Die Suche nach einer brauchbaren Ersatz-Schaufel führt mich unters Beachhouse, wo sich allerlei Gerümpel und Ersatzteile, aber auch Werkzeuge befinden. Ein aus einem Stück gefertigter Metallspaten lacht mich an. Obwohl er äußerlich völlig verrostet ist, besteht er einen Stabilitätstest und sollte der Aufgabe gewachsen sein. Auf dem Weg zum Einsatzort spüre ich plötzlich brennende Schmerzen am Unterarm. Rote Feuerameisen krabbeln aus dem hohlen Stiel hervor und beißen herzhaft zu. Spaten fallenlassen, Ameisen wegwischen und zum Abkühlen in den

Pool springen geschieht praktisch zeitgleich. Verdammte Tro-
pen, verdammte Viecher!

Dienstag, 02.07.
Heute wollen wir mit der SkyCab hoch zur SkyBridge fahren. Das
sind die Topattraktionen der Insel. Mir ist echt mulmig, ich bin
seit einigen Jahren nicht mehr wirklich schwindelfrei und damit
nicht so richtig höhenkompatibel. Früh aufgestanden geht Ralf
mit HobNob an den Strand, ich sorge für das Frühstück.
Dann machen wir uns auf den Weg. Auweia, was kommt da auf
mich zu? Die teure Miete für den Touristenparkplatz sparen wir
uns. Wir parken am Straßenrand, wo wir schon beim Besuch des
Seven Wells Wasserfalls standen.

Nun kraxeln wir los, ich habe schon Pudding in den Knien. Eine
Horde Makaken beobachtet uns. Es sieht fast so aus, als hätten
sie Mitleid mit uns. Über den Taxiparkplatz und eine Hänge-
brücke erreichen wir das Oriental Village, wo uns ein paar der
seltenen Totenkopf-Affen mit Kunststücken erheitern. In dem
orientalisch angehauchten Vergnügungspark, wo sich auch die
Talstation befindet, ist nicht viel los und die Tickets sind schnell
gekauft. An den Wochenenden dagegen muss man sich auf

lange Wartezeiten einstellen. Ehe mich der Mut verlässt, stellen wir uns direkt in die kurze Schlange für die Seilbahn. Eine Expressgruppe zieht noch an uns vorbei, dann sind wir auch schon dran. Alle Passagiere müssen sich in 6er-Reihen aufstellen, dazu sind Kästchen auf den Boden gemalt. Dann darf man der Reihenfolge 1-6 nach in die fahrende Gondel einsteigen. Wir haben 1 und 2 erwischt, somit freie Sitzplatzwahl und entscheiden uns für gegenüberliegende Sitze am Fenster. Ich gucke lieber Richtung Berg, Ralf darf sich mit dem Abgrund auseinandersetzen.

Dann nehmen wir auch schon Fahrt auf. Nun geht's eine viertel Stunde lang berghoch auf den Gunung Mat Cincang in 705 Metern Höhe. Wir sitzen in einer der steilsten Seilbahnen der Welt, die extreme Hangneigung ist schon beeindruckend. Ich gucke angestrengt in die Ferne und bei jedem Stützpfeiler ruckelt und schaukelt es ein bisschen, aber insgesamt macht die Gondel einen vertrauenerweckenden Eindruck. Der zweithöchste Berg Langkawis ist vom üppigen Grün des Urwalds bedeckt, unterbrochen von der malerischen Kulisse des Seven Wells Wasserfalls. Jetzt kommt das steilste Stück, wir saugen uns förmlich die Felswand hoch, ein komisches Gefühl. Mein Magen bleibt einigermaßen ruhig, aber ein paar Schweißperlen habe ich doch produziert. Dann erreichen wir auch schon die Zwischenstation auf 650 Metern Höhe und steigen erstmal aus. Leider ist alles in Wolken gehüllt, die Aussichtsplattform mit dem 360° Rundumblick hat sicher schon mal mehr Fernsicht geboten.

Die nächste Etappe dauert nur drei Minuten und schon haben wir den Gipfel erreicht. Hier gibt es zwei weitere Aussichtsplattformen, von denen man bei gutem Wetter bis nach Thailand und sogar Indonesien schauen kann. Heute ist leider kein gutes Wetter, die Wolken versperren den Blick auf die Nachbarländer. Wir können gerade mal einige der vorgelagerten Inseln entdecken. Doch die leichte Enttäuschung wird von der Vorfreude auf die SkyBridge verdrängt. Die Tickets für das architektonische Wunderwerk kosten nur schlappe 5 Ringgit pro Person. Ticketbändchen angelegt und los geht's. Zunächst müssen wir einige hundert Stufen durch den Wald bergab zur Startplattform der SkyBridge gehen. Es herrscht schon ein reger Betrieb, aber von den 2.000 Leuten, die die Brücke tragen kann, sind wir noch weit entfernt.

Todesmutig wage ich mich auf die Brücke, ich gehe etwas verkrampft immer schön in der Mitte und gucke bestenfalls mal nach rechts und links. Nach unten zu gucken traue ich mich nicht, schade. Ralf erzählt mir unterdessen, dass die 125 Meter lange SkyBridge nur von einem einzigen Pfeiler gehalten wird und 100 Meter über dem Abgrund „schwebt".

Ein spektakulärer Ausblick auf die umliegende Bergwelt und das ewige Grün des Dschungels wird geboten. Die mutigeren Skywalker lehnen sich gegen das Geländer und machen fleißig Selfies. Es sind auch einige Hochzeitspärchen hier oben, die sich von professionellen Fotografen in Szene setzen lassen. Ein besonderer Gag ist der Glasboden, über den man gehen kann, aber nicht muss. Ich schaffe tatsächlich die ganze Strecke bis zum Ende der Brücke und zurück, das hätte ich vorher nicht gedacht. Vielleicht lag's an der angenehm kühlen Bergluft hier oben. Langsam wird es uns zu voll und wir machen uns auf den Rückweg. Noch ein kurzer Blick auf die Andamanensee, dann wollen wir wieder runterfahren. Beinahe hätten wir eine Privatgondel erwischt, aber im letzten Moment steigen noch zwei Männer mit Cowboyhüten ein. Die nervigen Typen erzählen uns stolz, wo sie schon auf der Welt gewesen sind. Alles olle Kamellen für uns, aber das verraten wir ihnen nicht. Jetzt kommt das steilste Stück abwärts, dieses Mal gucke ich Richtung Meer und Ralf Richtung Berg. Mein Magen macht einen kleinen Satz, dann konzentriere ich mich auf den Horizont. Da unten taucht auch schon wieder der Seven Wells Wasserfall auf, ein vertrautes Gelände, das beruhigt mich etwas.

An der Talstation lebend wieder angekommen, sind wir uns einig, dass die Kombi SkyCab und SkyBridge ein „Must do" für alle Langkawi-Besucher ist. Zudem sind sogar noch verschiedene Attraktionen des Vergnügungsparks im Ticketpreis enthalten. Wir gehen ins 3D Art Museum. Da müssen wir erstmal die Schuhe ausziehen und abgeben, so ein Spaß. Etliche Hallen mit riesigen 3D-Gemälden, die man auf Socken erkunden und als Fotomotiv nutzen kann, erwarten uns. Hilft mir nicht viel, ich sehe den 3D-Effekt ja nicht. Aber die Asiaten lieben es, sich „in" die Fotos zu stellen und sich fotografieren zu lassen: Auf dem Rüssel eines Elefanten stehend, in einem Reagenzglas sitzend, vor dem riesigen Maul eines Nilpferds flüchtend oder in einer venezianischen Gondel sitzend. Es macht echt Spaß, die Leute zu beobachten.

Am Ausgang werden uns sogar die richtigen Schuhe zurückgegeben. Aber nun reicht's auch mit der Animation á la Disneyland, wir beschließen abzuhauen. Der Toyota hat artig in der Sonne auf uns gewartet. Er ist auch nicht gestohlen worden, obwohl er nicht abgeschlossen war, denn auf Langkawi gibt es keine Kriminalität. Ein paradiesischer Zustand.

In Matsirat wird eingekauft, der köstliche Lachs muss wieder mit, man gönnt sich ja sonst nichts. Für frische Donuts sind wir allerdings zu früh dran, unser Lieblings-Donut-Bäcker in Ayer

Hangat ist noch mit dem Backvorgang beschäftigt. Dann gibt es halt keine, verzichten können wir inzwischen gut. Nachmittags legen wir noch eine Doppelschicht Gartenarbeit ein. Der Countdown läuft, es sind nur noch wenige Tage übrig und viele Arbeitsschritte, die nun zum letzten Mal zu tun sind. Dann sorgt Ralf am Strand dafür, dass sich HobNob ordentlich austobt und ich kümmere mich ums Abendessen. Zum Aperitif gibt es Lachstoast mit Chablis – dekadent geht die Welt zugrunde! Das war mal wieder ein schöner, mit Adrenalin gewürzter Tag.

Ralfs Randnotiz:
Ich dachte schon, ich hätte ganz Langkawi von den Ratten befreit. Einen ganzen Monat lang hat sich nicht ein einziger Nager für die leckeren Bananen interessiert. Bis heute Nacht. Endlich atmet wieder eine Ratte gesiebte Luft.
Aktuelles Resultat: Ratten – Ralf 4:4.

Mittwoch, 03.07.

Die Ebbe ist zur richtigen Zeit am richtigen Ort, wir können mit HobNob an den Strand, heute gehen wir mal Richtung Four Seasons. Die Flussmündung ist schon wieder gewandert. Es ist wirklich Wahnsinn, wie sich das landschaftliche Erscheinungsbild in den letzten beiden Monaten verändert hat. Das Spiel der Kräfte zwischen Fluss und Meer mit der einhergehenden Erosion ist beeindruckend bis beängstigend. Den Naturgewalten ist der Mensch hilflos ausgeliefert. Der Strand ist allerdings immer noch ideal zum Ballspielen, HobNob hat Spaß. Der Strand ist aber auch ideal zum Müll sammeln. Obwohl eine Vielzahl freiwilliger Naturschützer bereits einige Säcke gefüllt haben, liegt immer noch reichlich Unrat im Sand herum. Auch wenn wir es inzwischen gewöhnt sind, pendeln unsere Gefühle jedes Mal zwischen Erstaunen und Empörung angesichts der Müllmengen. Nach unserer Rückkehr suche ich mir mal eine „leichte" Arbeit, das Sortieren unserer Klamotten. Dabei entdecke ich, dass weitere Textilien Stockflecken haben. Na toll, alles ab in die

Waschmaschine. Man stelle sich vor, ständig in diesem Klima zu leben, da kannst Du beim Verrottungsprozess live zugucken. Nachmittags fahren wir zum Craft Complex, um die Souvenirstände noch mal abzuklappern. Der Tag der Abreise rückt schließlich langsam näher.

Anschließend setzen wir endlich um, was wir uns schon mehrfach vorgenommen hatten: Einen Strandspaziergang am Four Seasons Resort vorbei bis zur Landspitze. Der öffentliche Tanjung Rhu-Strand geht automatisch in den Privatstrand des Luxusresorts über. Ein Wachmann kommt direkt angeflitzt und weist uns darauf hin, dass wir zwar an der Wasserkante entlang gehen dürfen, in den Sand setzen aber verboten ist. Egal, wir wollen eh nur am Wasser entlang schlendern. Die Luxusunterkünfte liegen etwas zurückversetzt im Schatten der angepflanzten Palmenhaine, so dass deren wohlhabende Gäste vor Blicken von Spaziergängern wie uns geschützt sind. Der breite Strand besteht aus feinem, weißen Sand und sieht aus der Ferne echt paradiesisch aus. Die nähere Betrachtung sorgt aber für Ernüchterung. Obwohl die Strandputzkolonne des Luxusresorts gerade erst ihren Job erledigt hat, verunstalten Plastikmüll, Flipflops und Quallen das vermeintlich makellose Idyll. Anscheinend wird der Unrat pausenlos angespült. Keine gute Visitenkarte für ein 5 Sterne-Domizil.

Zurück Zuhause machen wir es uns gemütlich. HobNob ist heute Papakind, ich bin abgemeldet. Unser Struppi hat seinen völlig zerkauten und klebrigen Lieblingsball wiedergefunden. Diesen legt er Ralf pausenlos aufs Sofa und wartet auf einen weiten Wurf, damit er ihn apportieren kann. Das geht locker eine Stunde so, immer hin und her, bis HobNob den Ball endlich in zwei Teile zerlegt hat. Aber selbst jetzt, da der Ball seine Sprungfähigkeit eingebüßt hat, bleibt er HobNobs Lieblingsspielzeug.

Ralfs Randnotiz:
Four Seasons Beach Resort. Ein Name wie ein Gemälde. Da hab'
ich schnell mal die Übernachtungspreise gecheckt: Ab 600 US $

darf man schon einziehen, wer sich aber lieber in der Beach Villa
mit Privatpool vergnügen möchte, sollte 11.500 US $ übrig ha-
ben. Pro Nacht, wohlgemerkt. Angenehmer Nebeneffekt der
offensiven Preisgestaltung: Der illustre Gästezirkel bleibt
garantiert unter sich.

Donnerstag, 04.07.
Ralf geht mit HobNob an den Strand zum Morgenspaziergang.
Dann kommt mal wieder eine Nachricht von Sari. Sie hat beschlossen, erst heute Nachmittag zu erscheinen. In Malaysia
scheint es eine starke Arbeitnehmergewerkschaft zu geben,
anders kann ich mir ihre diversen Eigenmächtigkeiten nicht
erklären. Aber wenn Olivia und Jack glücklich mit ihr sind, ist ja
alles ok.
Ralf macht sein Gartenarbeitsausdauertraining, indem er den
schwerfälligen Rasenmäher über das Gelände schiebt. Ich übe
mich stattdessen in Tierbeobachtung und lande einen Voll-
treffer. Wir haben den Riesenwaran wieder zu Gast. Ich
gestikuliere Ralf, er soll den Lärm beenden und schnell gucken
kommen. Dann lenke ich HobNob ab, damit er den Waran nicht
verjagt und Ralf einige Fotos aus nächster Nähe schießen kann.

Irgendwann hat HobNob den Braten gerochen, sieht die Riesenechse und jagt hinter ihr her. Mit einem lauten Krachen verschwinden beide im dichten Unterholz der Uferböschung. Eine sehenswerte Action-Szene, bei der sich hoffentlich kein Beteiligter verletzt hat. Nach einiger Zeit kommt unser Waranjäger munter aus dem Gebüsch zurück, aber sein Fell muss jetzt erstmal aufwändig vom Gestrüpp befreit werden.

Ralfs Randnotiz:

Susanne hat ein Hornissennest entdeckt. So ganz nebenbei, auf dem Sofa liegend und ein Buch lesend. Plötzlich fiel etwas von der Decke, anscheinend Baumaterial für das Nest. In ca. vier Metern Höhe hängen die Waben zwischen den Dachbalken, und wenn man sich das geschäftige Treiben und die rege Bautätigkeit anschaut, sollte möglichst schnell gehandelt werden. Ich suche mir also eine lange Bambusstange und befestige eine Machete ans Ende. Jetzt wird's akrobatisch und anstrengend: Ich stelle mich auf das Sofa und versuche mit der hin und her schwankenden XXL-Machete das Hornissennest von der Decke zu lösen. Es dauert eine ganze Weile, bis das Nest nachgibt und mir fast auf den Kopf fällt. Die Hornissenart Vespa velutina gilt in Malaysia durchaus als aggressiv, also ziehe ich mir schnell Handschuhe an und bringe die umschwirrte Wabenkonstruktion an einen weit entfernten Ort.

Freitag, 05.07.

Es ist Ebbe und wir wollen mit HobNob an den Strand. Vorsichtig waten wir durch den Fluss, denn überall können scharfkantige Gegenstände lauern. Ein paar Untiefen gibt es auch, aber die brauchen wir uns nicht zu merken, denn schon morgen sind sie woanders. Der tägliche Kampf der Flut mit der Strömung des Flusses sorgt für eine immerwährende Bodenerosion.

HobNob, der schon vorgelaufen ist, schaut sich erwartungsvoll nach uns um. Dann taucht ein Rudel wilder Hunde auf und unser Struppi ist im Jagdmodus. Gemeinsam rennen sie kreuz und quer über das Gelände eines Urlaubsresorts. Wir rufen HobNob zurück, anfangs jedoch vergeblich. Erst als sein schlechtes Gewissen und seine nachlassende Kondition über den Spieltrieb siegen, kommt er demütig angetrabt.

Unsere Wetter-App hat schönes Wetter versprochen, doch der Himmel sagt etwas anderes. Nach ein wenig Computerarbeit geht Ralf laufen und ich entscheide mich für die Gartenarbeit mit dem Rasentrimmer. Ich bin zügig mit der Peitsche zugange, als sich ein wunderbares Wetterphänomen einstellt: Die Sonne scheint, es donnert gewaltig und ein paar Tropfen Regen fallen vom Himmel. Ich lasse mich nicht stören und widme mich weiter der Verschönerung der Grünanlage. Dann geht die Schleuse auf. Mist. Schnell die Wäsche von der Wäscheleine holen, und schon wieder bin ich ziemlich nass. Die Gartenarbeit ist erstmal unterbrochen, Ralf kommt pitschnass vom Laufen zurück und wir warten den Regenschauer ab. Die Schleuse schließt sich bald wieder und kräftige Sonnenstrahlen sorgen für eine rasche Verdunstung. Also weiter mit der Arbeit, doch der Gartenhelfer ist leider vom Ladezustand des Akkus abhängig, und der ist nur noch gering. Es gibt einen Akku zum Wechseln, den habe ich auch in die Ladestation gesteckt, aber der Regen hat mal wieder für einen Stromausfall gesorgt. Und den haben wir nicht bemerkt. Also erstmal wieder rumbasteln, die angeschlagene Sicherung ausschalten, dann den Hauptschalter einschalten. Glück gehabt, der Strom fließt wieder. Trotz zweier Akkus habe ich immer wieder Wartezeiten, weil sich der eine Akku schneller entlädt als sich der andere auflädt.

Dementsprechend habe ich irgendwann keinen Bock mehr, da hüpfe ich doch lieber in den Pool. Ralf mäht noch ein bisschen Rasen, dann ist es auch schon Zeit für den Nachtmarkt. Wir fahren mit dem Auto hin und wollen uns von den Essensstandbetreibern animieren lassen. Wie es der Teufel will, laufen wir zuerst beim Metzger vorbei. So richtig appetitanregend ist es ja selten, was der gute Mann anbietet. Aber heute ist seine Auslage besonders krass. Tierbeine mit Hufen baumeln von der

Decke und ein gehäuteter Rinderkopf liegt auf dem Verkaufstresen, direkt neben allerlei Eingeweiden. Natürlich alles ungekühlt, dafür sehr preiswert. Das hat unsere Lust auf ein paar asiatische Leckereien nicht gerade begünstigt, aber wer hat gesagt, dass es heute auf dem Nachtmarkt einfach werden würde? Es dauert dann auch etwas länger, bis wir einen gut gefüllten Einkaufsbeutel mit nach Hause nehmen können.

Zum Dinner gibt's ein kleines Büffet mit den eingekauften Snacks, so bekommt jeder einen Teller „Buntes" und wir werden prima satt. Der Himmel beschert uns noch ein wundervolles Farbenspiel, die Fledermäuse fliegen tief und wir beschließen den Tag mit einem Film.

Samstag, 06.07.
HobNob ist ganz aufgekratzt und will unbedingt zum Strand. Es ist Ebbe, also gehen wir los. Doch der Fluss macht uns heute einen Strich durch die Rechnung. Das Wasser ist so hoch, da ist kein Durchkommen. Ok, wir gehen wieder zurück, schütteln die Schuhe aus, bevor wir sie anziehen, legen HobNob die Leine an und nehmen den Alternativweg durch die Siedlung. HobNob lässt sich seine Enttäuschung nicht anmerken und versucht unterwegs vergeblich, freche Affen vom Baum zu bellen.

Nach dem Frühstück machen wir uns auf den Weg nach Pantai Cenang. Wir starten den Toyota, nachdem Ralf nochmal das Kühlwasser aufgefüllt hat, bei strahlendem Sonnenschein. Auf halbem Weg umhüllt uns eine rabenschwarze Wolkenfront, aber in Pantai Cenang scheint schon wieder die Sonne, obwohl die Straßen hier nass sind. Das sind Wetterkapriolen der Marke Langkawi.

Wir nehmen unseren Standardparkplatz vor dem Reismuseum und wollen uns den Laman Padi Rice Garden diesmal genauer anschauen. Das ist die beste Entscheidung des Tages.

Wir streunen ein bisschen über das Gelände, das an einigen Ecken schon etwas vernachlässigt aussieht. Da winkt uns ein Reisbauer, der gerade mit nackten Füßen im Reisfeldschlamm steht, zu sich herüber. Er erklärt uns fröhlich mit seinen rudimentären Englischkenntnissen, dass er gerade in einem zwei Monate alten Reisfeld steht. Nebenan ist drei Monate alter Reis zu sehen und ein Feld weiter der erntereife, vier Monate alte Reis. Da haben wir direkt etwas gelernt und können jetzt die verschiedenen Phasen des Reisanbaus unterscheiden. Der freundliche Kerl stellt sich als Isa vor und man merkt ihm an, dass er stolz ist, uns sein Wissen vermitteln zu können.

Isa ist aber auch wissbegierig und fragt, ob es denn in Deutschland Kokosnüsse gibt. Als wir das verneinen, sollen wir mit ihm kommen. Er geht grinsend zu einem Haufen vermeintlich vertrockneter Kokosnüsse, schüttelt eine, um herauszufinden, ob sie noch voller Saft ist. Treffer!

Nun schält er die dicke, ledrige Faserschicht mit einer breiten Metallspitze ab, bis er die harte innere Kugel in den Händen hält. Mit ihren drei Keimlöchern sieht sie aus wie ein Affengesicht. Er amüsiert sich prächtig und zeigt uns noch weitere „Gesichter". Wir erkennen Gorilla sowie Pandabär und haben den Test damit bestanden. Jetzt soll Ralf die Kokosnuss mit der Metallspitze öffnen. Isa lacht sich kaputt über Ralfs zaghafte Versuche, doch irgendwann ist sie geknackt.

Dann bearbeitet Isa die Steinfrucht so, dass wir den Saft trinken können. Der Geschmack ist erstaunlich gut dafür, dass die Nuss schon längere Zeit am Boden lag. Wir machen ein paar Fotos mit Isa und bedanken uns herzlich für seine humorvolle und lehrreiche Führung.

Doch sein Stolz als Tourguide lässt es nicht zu, dass wir jetzt schon verschwinden. Er nimmt uns mit zu einer Weide, wo wir Wasserbüffel aus nächster Nähe beim Suhlen im Schlamm beobachten können. Die Attraktion sind zwei seltene Albinoexemplare, die mit ihrer weißen Haut einen schönen Kontrast zum braunen Schlamm bilden. Woher die blonden Wasserbüffel kommen, kann uns Isa nicht erklären, vielleicht auch aufgrund der Sprachbarriere. Macht nichts, das war ein unterhaltsamer und lohnenswerter Besuch im Laman Padi Rice Garden. Vielen Dank nochmal, Isa. You made our day!

Wir futtern noch etwas Kokosfleisch, trinken den leckeren Saft und bedauern, dass das kleine Reismuseum nicht mehr Besucher hat.

Aber hier in Pantai Cenang sind andere Dinge wichtig: Shoppen, Wassersportaktivitäten jeglicher Art und Sonnenbaden. Wir schlendern noch ein wenig durch den Ort, bummeln durch die Geschäftsstraße und kehren über den breiten Strand zurück. Der helle, weiße Sand leuchtet mit dem klaren Wasser um die Wette, die Farben sind wirklich wunderschön. Das muss man Pantai Cenang lassen, es sieht fast aus wie im Paradies.

Auf dem Weg nach Hause stoppen wir in Matsirat zum Einkaufen. Und zwar bei dem chinesischen Supermarkt mit der „geheimen" Spirituosenabteilung. Es ist jedes Mal eine seltsame Aktion, wenn man erst durch die Lamellentür, dann durchs Warenlager und schließlich durch die unscheinbare Tür gehen muss, um zu den Weinregalen zu kommen. Andere Länder, andere Sitten, das kann aber sehr interessant sein. An der Kasse wird auch heute wieder kreativ abgerechnet. Die Lebensmittel werden in die Registrierkasse eingegeben, nur der Wein nicht. Der wird separat erfasst. Mit Hilfe eines Taschenrechners wird dann der Gesamtbetrag ermittelt. Wir wollen gar nicht wissen, warum.

HobNob begrüßt uns, als hätte er uns wochenlang nicht gesehen. Damit zaubert er uns mal wieder ein Lächeln ins Gesicht. Dann machen wir Teatime mit frisch gebackenen Donuts und Erdnusspfannkuchen.

Nach einer angemessenen Ruhepause ist wieder Gartenarbeit angesagt. Die Peitsche ist aufgrund der geringen Ladekapazität des Akkus ein echter Kurzarbeiter, ich komme nicht weit voran. Egal, durchgeschwitzt bin ich trotzdem. Also ab in den Pool, während Ralf noch ein bisschen Rasen mäht. Er kommt aber später dazu, die Krusten an den Knien sind endlich ab, die Wunden verheilen langsam. Zumindest kann er jetzt wieder ins Wasser, super!

Dann ist es Zeit für einen Sundowner, dieses Mal wollen wir die Szene aber fotografisch festhalten für die Aussies Coco und Ted, die uns die Flasche Wein zum Abschied geschenkt haben.

Also, einen Eiskübel hervorgezaubert, auf dem Tisch so platziert, dass wir einen landschaftlich reizvollen Hintergrund haben, Flasche rein, Etikett nach vorn, Gläser daneben – schon ist das Stillleben perfekt. Wir produzieren Fotos aus allen erdenklichen

Perspektiven: Mit leeren Gläsern, mit gefüllten Gläsern, mit mir, mit Ralf, mit uns beiden sowie mit uns und HobNob. Das macht echt Spaß. Dann gibt es ein leckeres Abendessen, zusammengestellt aus den Resten von gestern und die Party beginnt.

Ralfs Randnotiz:

Pantai Cenang verfügt wirklich über einen Traumstrand, und das ist ja schon mal ein gutes Argument, wenn man Touristen anlocken möchte. Das Freizeitangebot geht aber weit über banales Schwimmen, Schnorcheln und Sonnenbaden hinaus. Wer den Adrenalin-Kick sucht, macht Inselhüpfen mit dem Jetski oder Bootsausflüge zu den schönsten Tauchrevieren oder Parasailing oder einen Ritt auf dem Bananenboot. Für die Party-People stehen verschiedene Yacht-Ausflüge mit Dinner und Getränkepaket zur Auswahl. Man kann sich auch zu einer Zipline in den Dschungel kutschieren lassen oder mit einem Quad die hügeligen Wälder erkunden. Es gibt aber auch Urlauber, die mit einem gemieteten italienischen Nobelsportwagen über die holprigen Inselstraßen cruisen oder sich in einer Stretch-limousine zum Edelrestaurant chauffieren lassen. Dann staunt der einfache Reisbauer.

Sonntag, 07.07.

Die Nacht war ruhig und es wird schon hell, als ich aufwache. Unser Hund ist noch ganz verpennt. Wir wollen eigentlich zum Strand, es ist schließlich Ebbe, aber der Fluss ist uns im Weg und immer noch ziemlich tief. HobNob schwimmt rüber. Ralf zieht sich Badeshorts an und watet dann hüfttief durch den Fluss, um mit HobNob eine Runde zu drehen. Ich gehe wieder zurück. Hüfttief durch die Brühe zu waten, ohne das Treibgut am Boden sehen zu können, ist nicht mein Ding.
Ich bereite in der Zwischenzeit das Frühstück vor. Als unser Struppi zurückkommt, ist er völlig verstört und verschwindet als nasses, sandiges Wollknäuel direkt nach oben und reagiert nicht auf unsere Rufe. Ok, dann frühstücken wir erstmal. Als er die

vertrauten Futternapfgeräusche hört, kommt er tapsig die Wendeltreppe runter und futtert nur lustlos.

Wir stellen fest, dass HobNob zum allerersten Mal nicht aufgefressen hat. Er ist richtig bedröppelt. Ich wasche ihn und rubbele ihn dann trocken. Das lässt er über sich ergehen, ist aber irgendwie neben der Spur. Als ich ihn sauber und trocken entlassen will, signalisiert er mir, dass ich mit ihm die Treppe hochkommen soll. Oben angekommen, guckt er mich immer wieder unsicher und kleinlaut an. Dann entdecke ich die Bescherung. Er hat die Terrasse vollgekotzt. Nun verstehe ich, warum er nicht fressen wollte, er hat sich den Magen verdorben. Hoffentlich ist es nichts Ernsthaftes und der kleine Streuner erholt sich schnell. Dann wische ich das mal auf, böse sein kann ich unserem Struppi aber nicht, so elend wie er mich ansieht. Hauptsache er wird wieder gesund.

Wir wollen heute einen gemütlichen Tag Zuhause verbringen, einfach ein bisschen lesen und die Seele baumeln lassen. Die Pflicht darf natürlich nicht gänzlich vernachlässigt werden, also folgt noch ein weiterer Arbeitseinsatz mit der Peitsche, bis die Grünstreifen unsere Augen erfreuen. Ruckzuck bin ich wieder durchgeschwitzt, zum Abkühlen hilft ein Sprung in den erfrischenden Pool. HobNob geht es inzwischen besser, er hat sich im Schatten gesund geschlafen, seinen Napf leergefuttert und rennt auch wieder dem Ball hinterher. Gottseidank!

Heute ist Sonntag, also Tatorttag! Da wir uns ja sonst nichts gönnen, gibt es erstmal ein Lachstoast mit einem Glas Chablis als Appetizer, einen leckeren Hauptgang und als Dessert einen Tatort aus Münster. Alberich, Staatsanwältin Klemm und Kommissar Thiel geben Professor Karl-Friedrich Boerne mal wieder ordentlich Saures.

Ralfs Randnotiz:
Tägliche Entsorgung der Lebensmittelreste ist ein Muss, sonst übernehmen Maden, Ameisen, Kakerlaken und noch größere Tiere das Kommando im Haus. Im Dorf stehen ein paar

Müllcontainer am Straßenrand. Hier wird alles unsortiert reingeworfen: Papier, Plastik, Glas, Blechdosen, Lebensmittel, Ölkanister, Holz und Eisenteile. Heute ist unser Container mal wieder ein echtes Fest für alle Sinne. Der übervolle Behälter wird von Katzen, Vögeln und Affen auf der Suche nach Fressbarem geplündert. Mülltüten liegen zerfetzt neben dem Container, wo sich Hunde und Warane über die Reste hermachen. Dass bei der Hitze ein atemberaubender Duft von dem Ort ausgeht, kann sich vermutlich jeder vorstellen. Der Besuch des Müllcontainers hat jedenfalls kurzzeitig die Wirkung eines Appetitzüglers.

Montag, 08.07.
Wir gehen mit HobNob direkt Inland, das Wasser im Fluss ist einfach zu hoch, schade.

Dann machen wir alles klar für eine Abfahrt um 9:30 Uhr Richtung Kuah. Mit Sari war verabredet, dass sie die fehlende halbe Stunde aus der letzten Woche heute nacharbeitet und darum entsprechend früher kommt. Aber wer ist natürlich nicht da: Sari. Die Frau ist eine echte Nervensäge. Ich frage per WhatsApp nach, wann sie denn gedenkt, hier aufzutauchen und bekomme als Antwort: „YA". Ich verstehe sie einfach nicht! Ok, wir warten noch eine halbe Stunde und sitzen schon im Auto, als sie endlich kurz nach zehn auftaucht und gar nicht weiß, warum wir denn sauer sind. Sie hat natürlich vergessen, dass sie um 9:30 Uhr da sein sollte. Gerade heute ist unsere To-Do Liste lang und wir haben tatsächlich vor, alles zu erledigen. Ich gebe ihr eine kurze Arbeitsanweisung und halte HobNob nicht zurück, als er sie ausdauernd ankläfft.

Wir fahren erst zum Großhandel, um Chlor für den Pool zu kaufen. Die Wartezeit für das Abfüllen der Chemikalie dürfen wir auf dem Kundensofa verbringen. Das völlig verschmutzte und mit Rissen übersäte Sitzmöbel ist keine gute Visitenkarte des Ladens. Nach zehn Minuten taucht dann ein Mitarbeiter mit unserem 70%igen Chlor auf. Die bestellten 10 kg stecken in einer Plastiktüte, die nochmals mit einer Plastiktüte gesichert

ist. Anscheinend ahnen sie hier, dass das Zeug gesundheits-
gefährdend ist. Es riecht übel nach Chlor. Darum trauen wir den
Tüten auch nicht und versenken unseren Einkauf in einer
dickwandigen Plastiktonne, die wir vorsichtshalber mitgebracht
haben.
Nächstes Etappenziel ist die Tankstelle, wo wir ein letztes Mal
50 Ringgit investieren. Diesen Spritpreisen werden wir noch
lange nachweinen, das steht fest. Weiter geht's zum Billion-
Supermarkt, wo wir uns mit Obst und anderen Lebensmitteln
eindecken. Zum Glück sind gerade keine chinesischen Reise-
gruppen im Laden. Dafür verzichtet der Marktleiter auch
diesmal nicht darauf, uns mit der Billion-Werbemelodie in
Endlosschleife zu nerven. Schnell raus hier!
Wir besorgen uns noch Geld bei der Bank und sind beim
anschließenden Blick auf die Uhr verblüfft: Alles erledigt, und
zwar so schnell wie noch nie. Die unerwartet gewonnene
Freizeit nutzen wir für einen Besuch des chinesischen Thean
Hou-Tempels.

Die Anlage besticht mit ihrer überbordenden Farben- und
Formenpracht und einer Vielzahl von Fabelwesen. Eine
Besonderheit ist, dass hier auch fremde Religionen vertreten

sind. Wer aufmerksam sucht, wird Ganesha und Brahma sowie Buddha entdecken. Der Tempel wurde 2017 von der chinesischen Gemeinde errichtet und soll nun refinanziert werden. Jedermann kann sich „sein" Tempelfragment kaufen, er sollte allerdings ein paar große Scheine übrig haben.

Bei unserer Rückkehr hat Sari noch eine gute halbe Stunde zu tun und natürlich wieder Chaos verursacht. In ihrem eigenen Putzrhythmus versunken, schreit sie plötzlich auf. Ich gehe schnell gucken, was passiert ist und muss spontan loslachen. Sie hat die Liegenauflagen unter dem Sofa hervorgeholt, und damit drei fette Kröten aufgeschreckt, die jetzt einträchtig in einer Ecke direkt neben einem Krebs hocken. Dann kommt auch noch HobNob und schaut sich das ungleiche Quartett an. Wahrscheinlich kennt er die Vier schon länger, denn er trabt unbeeindruckt direkt wieder ab. Sari mag keine Kröten und kann mein Lachen nicht verstehen. Egal, ich kann viele ihrer Handlungen auch nicht nachvollziehen.

Nachdem sie sich verabschiedet hat, gibt es einen kleinen Snack, dann ein paar Seiten lesen, bevor ich den Pool sauge. Ralf löst mich bald ab, kann den Job aber nicht zu Ende bringen. Die liebevoll, aber nur notdürftig geflickte Alustange zerbröselt ein weiteres Mal. Jetzt ist keine Reparatur mehr möglich. So ein Mist. Vielleicht war es ein Billigprodukt, vielleicht ist das Chlor zu aggressiv. Vielleicht auch beides.

Ralf wechselt vom Arbeits- in den Freizeitmodus und fährt mit dem Kajak aufs Meer hinaus. Währenddessen hat HobNob einen stattlichen Waran die Palme hochgejagt, der klammert sich auf halber Höhe an den Stamm und beobachtet seinen Jäger. HobNob umkreist die Palme und beobachtet seine vermeintliche Beute. Aber auch heute wird er den Waran nicht erwischen.

Nachdem Ralf von seinem Ausflug zurück ist, plantschen wir ausgelassen im Pool herum. Uns ist bewusst, dass wir schon bald wieder ohne eigenes Schwimmbad auskommen müssen und genießen das Privileg deshalb ganz besonders. An Tagen wie diesen darf ein Glas Chablis nicht fehlen. Dann wird es mir kalt, das muss man sich mal vorstellen. Bei 29 Grad Wassertemperatur beginne ich zu frieren wie die Einheimischen. Jetzt, kurz vor unserem Abschied, bin ich also komplett akklimatisiert. Während ich mich um das Abendessen kümmere, bekommt Ralf von Sinta ein Crew T-Shirt vom Palm Village geschenkt. Ein prima Erinnerungsstück und eine tolle Geste. Als kleines Dankeschön überlassen wir ihr all unsere Bücher. Die kann sie für ihre Gäste gut gebrauchen. Das war mal wieder ein abwechslungsreicher Tag, jetzt machen wir es uns gemütlich.

Ralfs Randnotiz:
Heute paddle ich mit dem Kajak an dem kleinen Fischerdorf entlang. Etwa 100 Meter weit draußen haben sie einen schwimmenden Lagerplatz für Netze, Bojen, Werkzeug usw. verankert. Den inspiziere ich in aller Ruhe. Dann geht's weiter am Black Sand Beach mit dem Picknickplatz vorbei bis zu den Granitkugeln. Einige liegen in Strandnähe, die meisten der runden Felsen sind aber weiter draußen, manche nur knapp unter der Wasseroberfläche. Ich muss also ein wenig aufpassen, um nicht mit dem Kajak aufzusetzen und zu kentern. Schließlich lauert die clevere Würfelqualle auf genau solche Fehler. Die nächste Sandbucht ist völlig menschenleer, vermutlich deshalb kann ich dort besonders viele Affen und Vögel in den Bäumen beobachten. Ein echtes Paradies. Damit das so bleibt, gehe ich nicht an Land, sondern paddle langsam wieder Richtung Heimathafen und genieße meine Freiheit auf dem Meer.

Dienstag, 09.07.
Heute gehen wir wieder durch die Dorfsiedlung, allerdings ist HobNobs Jagdtrieb diesmal stark ausgeprägt. Sobald er eine Echse, eine Katze oder einen Affen sieht, macht er einen Kavalierstart. Wir müssen dann seine Leine besonders fest halten, sonst reißt er uns um. Eigentlich wollten wir heute den 4.000 Stufen-Weg hoch zum Gunung Raya gehen, aber Ralf

hatte ganz „vergessen" zu sagen, dass sich eine eitrige Blase an seinem wunden Knie gebildet hat. Ich hatte mich nach dem Frühstück gerade damit beschäftigt, wie man die Blutegel auf dem schmalen Pfad abwehren kann, als er mir den gesundheitlichen Rückschlag beichtet. Eine lange Hose kommt für ihn nicht infrage, durch das Reiben der Hose würde sich die eitrige Blase entzünden. Eine kurze Hose kommt aber auch nicht infrage, dann würden die Blutegel in Scharen über ihn herfallen. Schade, den Trail hätten wir beide gerne mal bezwungen.

Also bleiben wir zuhause und machen es uns gemütlich. Das Wetter ist herrlich, wir faulenzen und vertrödeln den Tag.

Gegen Abend gehen wir mit HobNob noch durch die Reisfelder und kehren ausnahmsweise mal über die Straße zurück. Das ist wegen der Mopeds und Autos ein bisschen stressig für ihn, dafür kommen wir so auf direktem Weg an den Garküchen vorbei. An einem der Straßenstände erstehen wir verschiedene Kleinigkeiten und ein paar gegrillte Spieße. Zuhause haben wir noch etwas Lachs, damit können wir eine leckere Rundumverpflegung zusammenstellen.

Nachdem HobNob seinen Napf leergefuttert hat, bereite ich für uns die Lachstoasts vor und dann marschieren wir mit einem Eiskübel und einer Flasche Chablis zum Beachhouse. Hier genießen wir den Sonnenuntergang auf der Terrasse. Heute haben wir besonderes Glück, es ist wirklich ein herrliches Himmelspanorama. Die entspannte Atmosphäre wird allerdings jäh unterbrochen, als wir ein schmerzhaftes Jaulen vom Strand her hören. HobNob ist da unten mit vier wilden Hunden, steckt Hintern an Hintern in einer Hündin fest und wird mitgeschleift. Er quiekt erbärmlich. Ich laufe todesmutig los, verscheuche die Horde und versuche ihn von der Hündin zu befreien, was letztlich gelingt. Dann nehmen wir HobNob mit und bringen ihn ins Haupthaus in die obere Etage. Er ist so verstört, dass er sogar nach mir schnappt. Aber körperlich scheint unser Casanova glimpflich davon gekommen zu sein. Nachdem er sich beruhigt hat, bleibt er auch ohne Protest oben. Wir versperren ihm den erneuten Weg zum Strand durch die Barriere an der Treppe. Ausgangssperre, heute Nacht soll er sich mal abkühlen.

Wir machen uns noch einen gemütlichen Abend, verspeisen die gekauften Leckereien und können kaum glauben, dass die Zeit auf Langkawi so schnell vergangen ist.

Nach dem Essen ist es schon so weit, wir können online einchecken. Das machen wir auch direkt. Kuala Lumpur – Singapur: Zwei bescheidene Mittelplätze in einer 4er-Reihe. Egal, es ist ja nur ein kurzer Flug und wenigstens sitzen wir zusammen. Auf der Langstrecke sind uns bei einer 2-3-2-Bestuhlung Plätze in der Mitte mit Gang- und Mittelplatz zugewiesen worden. Das versuche ich zu ändern auf Gang-Leerplatz-Gang. Es klappt im zweiten Anlauf und nun haben wir Bordkarten für zwei Gangplätze ergattert und die Hoffnung, dass der Mittelplatz frei bleibt.

Mitten in der Nacht hat unser Hund mal wieder schlecht geträumt oder irgendwelche Eindringlinge entdeckt, jedenfalls werden wir durch sein Bellen geweckt. Ok, aufstehen und nachgucken, was los ist. Falscher Alarm und HobNob hat sich auch schon wieder beruhigt. Dabei gucke ich reflexmäßig auf das Handy, um die Uhrzeit zu erfahren. Es ist zwanzig vor drei und es gibt eine Nachricht von Olivia. Schlaftrunken lese ich die Neuigkeiten: Die beiden haben Verspätung beim Rückflug und werden wahrscheinlich den Anschlussflug nach Langkawi verpassen. Dann würden sie nicht mehr rechtzeitig am Mittwoch ankommen. Na prima! Ich schreibe zurück, dass wir bereits für Donnerstag eingecheckt haben und wünsche ihnen viel Glück. Dann legen wir uns wieder hin.

Ralfs Randnotiz:

Eine Woche lang hat sich keine Ratte vom Duft der Bananenscheibe in der Lebendfalle anlocken lassen. Doch heute Morgen gucken mal wieder zwei traurige Augen durch die Käfiggitter. Das Ölen des Schnappmechanismus nach den anfänglichen vier Pleiten war der Wendepunkt, seitdem hat die Rattenfalle astrein

funktioniert. Ein letztes Mal marschiere ich mit Käfig und Insasse durch die Botanik und entlasse den verängstigten Nager weit vom Haus entfernt in die Freiheit.
Endresultat: Ratten – Ralf 4:5.

Mittwoch, 10.07.
Unser vermeintlich letzter kompletter Tag auf der Insel. Wir räumen die obere Etage und bringen unsere letzten Utensilien nach unten. Der Umzug ist somit abgeschlossen.
HobNob bemerkt die Unruhe und ist traurig. Wir auch, kleiner Freund, wir auch. Den Morgenspaziergang mit ihm absolvieren wir zwischen den Reisfeldern. Ich nehme nochmal die Kamera mit, um das frische Grün einzufangen. Es ist unglaublich, wie schnell die Reispflanzen wachsen. Gefühlt vor ein paar Tagen wurde hier noch geerntet und nun strebt schon die nächste Generation in die Höhe.
Nach dem Frühstück muss ich HobNob doch tatsächlich rufen, damit er zu seinem Futternapf kommt. Das ist noch nie passiert, wenn er gesund war. Er ist wirklich traurig und spürt, dass etwas anders ist.

Jetzt machen wir oben klar Schiff, damit sich Olivia und Jack in ihrer Wohnung direkt wieder wohlfühlen. Das Bett haben wir heute Morgen schon abgezogen, die Waschmaschine läuft und ich kümmere mich noch ums Badezimmer. Von den beiden gibt es keine Neuigkeiten, also gehen wir davon aus, dass sie heute nicht mehr kommen werden. Hoffentlich tauchen sie wenigstens morgen noch rechtzeitig auf, damit wir eine geordnete Übergabe machen können. Es bleibt spannend.

Der Riesenwaran zeigt sich nochmal in voller Pracht und ich kann mit dem Handy ein paar prima Fotos schießen. HobNob schläft, sonst hätten wir kein entspanntes Fotoshooting durchführen können.

Ralf läuft eine Runde, mittags essen wir die immer noch schmackhaften Reste von gestern, dann sortieren wir unsere Klamotten und packen die Reisetaschen. Zwischendurch ein bisschen lesen und ruckzuck ist es auch schon wieder Abend. Immer noch keine Nachricht von den beiden! Wir beschließen auswärts zu essen, bringen deshalb HobNob nach oben und verriegeln die Etage. Genau in dem Moment springt unser Wachhund im Dreieck, weil die vier wilden Hunde wieder über das Grundstück streifen. Ralf verjagt die Eindringlinge mit lautem Gejohle und zu HobNobs Zufriedenheit. Während des Tumults gab es einen verpassten Sprachanruf von Olivia, sie müssen also irgendwo gelandet sein. Mein Rückruf scheitert, es bleibt weiterhin spannend.

Jetzt gehen wir endlich zu dem kleinen Thairestaurant, aber leider schafft es die Köchin nicht, unsere Menüs zeitgleich fertigzustellen. Obwohl ich mein Pad Thai im Zeitlupentempo esse, bin ich quasi fertig als endlich Ralfs Chicken mit Cashew Nuts kommt. Beide Gerichte waren echt lecker, aber zusammen wäre es halt schöner gewesen. Dafür verwandelt sich die Sonne zu einem feuerroten Ball, der tatsächlich im Meer und nicht schon in den Wolken versinkt, wunderschön.

Als wir zurück sind, heben wir direkt HobNobs Bewegungseinschränkung auf, er darf wieder runter und rumwetzen. Dann versuche ich mehrfach, Olivia zu erreichen. So gegen halb neun haben wir endlich Kontakt. Sie sind inzwischen in Kuala Lumpur und kommen morgen früh um 10:30 Uhr planmäßig auf Langkawi an. Das würde noch reichen um sie abzuholen, bevor wir dann selbst zum Flughafen müssen. Wir werden sehen.

Unser letzter Abend im Urlaubsparadies, unser letzter gemeinsamer Abend mit HobNob. Da muss ein edler Rebensaft her. Neuseeländischer Weißwein, Sauvignon Blanc, das ist doch genau der richtige Tropfen für diese besonderen Stunden. Prost Olivia und Jack!

Die Nacht wird unruhig, es gewittert stundenlang. Davon werde ich irgendwann wach und suche HobNob, denn der hat ja Angst bei Gewitter. In der oberen Etage ist die Tür geschlossen und ich glaube nicht, dass er gemerkt hat, dass wir unten im Bett liegen und die Tür für ihn offen gelassen haben. Ich finde ihn dann tatsächlich oben zusammengerollt vor der Tür liegen. Unsicher guckt er mich an, als ich ihn auffordere, mit mir zu kommen. Er folgt mir schwanzwedelnd, traut sich dann aber unten nicht ins Schlafzimmer. Ich muss ihn nochmal auffordern, dann kommt er endlich rein, lässt sich fallen und schläft wie ein Stein.

Donnerstag, 11.07.

Mitten in der Nacht treibt mich der Durst aus dem Bett, schlaftrunken gehe ich in die Küche. Da guckt mich eine Handteller-große Spinne an, die neben dem Kühlschrank an der Wand sitzt. Schreck lass nach! Ich zapfe mir vorsichtig ein Glas Wasser, lasse die Spinne erstmal Spinne sein, und gehe zurück ins Bett. Ich kann tatsächlich wieder einschlafen, doch in der Morgendämmerung muss ich aufs Klo. Also gehe ich ins Badezimmer und entdecke das nächste Spinnenmonster, nicht ganz so groß, dafür mit einem schwarzen, pelzigen Körper. Ich bekomme direkt eine Gänsehaut. Diese Spinne kann ich nicht ignorieren, die macht mir Angst. Also wecke ich Ralf auf. Der liebt es, aus dem Schlaf gerissen zu werden, um Spezialaufträge zu erledigen. Die Spinnenjagd ist kurz und erfolgreich, jetzt schauen wir auch noch in der Küche nach. Der Achtbeiner hockt noch an derselben Stelle, ist aber hellwach, ahnt unsere Absicht und kann entwischen. Da wir die Spinne zumindest vertrieben haben, ist die Situation für uns bereinigt.

Tag der Abreise für uns. Und Tag der Ankunft für Olivia und Jack. Hoffentlich. Eine Nachricht von den beiden lässt immer noch auf sich warten.

Wir gehen ein letztes Mal mit HobNob durch die Siedlung. Ein Gewitter zieht auf, so dass wir die Runde klein halten. Kurz vor dem Frühstück kommt die ersehnte Nachricht von Olivia, dass sie planmäßig boarden. Ok, dann sollte ja alles wie vorgesehen klappen.

Vorsichtshalber legen wir unser Reisegepäck schon ins Auto, damit wir nicht dumm gucken, wenn doch noch etwas schief geht. Plötzlich erreicht uns die nächste Nachricht: „Abflug verschoben!" Was für eine Achterbahnfahrt. Danach keine weitere Information mehr, also gehen wir nur von einer kleinen Verzögerung aus.

Wir beschließen zum Airport zu fahren, um sie abzuholen. Sind sie pünktlich, ist alles gut und wir kommen noch einmal zurück. Wenn nicht, bleiben wir direkt am Flughafen, denn unser Flieger geht ja auch schon bald. Aber vorher kommt noch etwas Emotionales, die Verabschiedung von HobNob. Wir werden beide wehmütig und ich muss tatsächlich weinen. Das überrollt mich gerade völlig, da habe ich gar nicht mit gerechnet, weil mich doch schon seit einer geraumen Zeit die eine oder andere Unzulänglichkeit nervt. Wir werden unseren Struppi sehr vermissen.

Bevor wir vom Gelände fahren können, müssen wir aber erstmal einen riesigen Ast beiseiteschieben, der heute Nacht runtergeknallt ist. Ok, jetzt ist der Weg frei. HobNob rennt wie immer mit bis zum Tor und dreht dann ab. Bye bye, alter Kumpel!

Auf den Straßen sind mal wieder kopflose Piloten unterwegs, wir erleben einige waghalsige Auto- und Moped-Manöver live. Diesmal aber ohne Unfall.

Am Airport bleibt Ralf mit dem Auto vor dem Ankunftsterminal stehen und ich gucke mal, ob ich die beiden entdecke. Eine Flugnummer haben sie uns natürlich nicht verraten, aber es sind gerade zwei Maschinen aus Kuala Lumpur gelandet, in einer werden sie ja wohl gesessen haben. Tatsächlich, da sind sie ja. Kurze, freudige Begrüßung, dann fahren wir alle gemeinsam zurück, soviel Zeit haben wir nun doch noch.

Während der Fahrt können wir ihnen schon mal mitteilen, dass sich HobNob prima benommen hat und was sonst noch so passiert ist: Sehr zufriedene Gäste (bis auf eine Familie), diverse Stromausfälle, eingestürzte Decke, Affenhorde auf dem Grundstück, gelungener Haustausch mit Coco und Ted, Abholung des Autos und der Möbel durch Lucy und Angus, gewanderte Flussmündung, zerbröselte Poolsauger-Stange, Kühlerreparatur, Reifenpanne usw. Bei der Ankunft ist HobNob völlig aus dem Häuschen, er wetzt zwischen uns vieren hin und her und weiß nicht, über wen er sich mehr freuen soll. Es ist schön zu sehen, dass er uns fast so lieb hat wie Olivia und Jack, aber der Abschiedsschmerz wird dadurch noch größer.

Wir machen direkt eine Haus- und Grundstücksbegehung und erläutern im Detail, was uns alles aufgefallen ist, dann ist es auch schon Zeit, wieder loszufahren. Unsere letzte offizielle Amtshandlung ist die emotionale Verabschiedung von HobNob. Bye bye und mach's gut, alter Freund!

Wir fahren nach Matsirat, nun wieder mit Jack am Steuer und wir sitzen hinten. Er fährt gewohnt waghalsig, damit wir noch ein gemeinsames Abschiedsessen einnehmen können. Dazu kehren wir in einem einfachen einheimischen Restaurant ein, wo wir uns am Büffet lauwarmes Essen auf Plastikteller schaufeln können. An der Kasse zeigen wir unsere Teller, für vier Portionen werden 40 Ringgit fällig. Das ist günstig. Legt man aber auch das ungepflegte Ambiente mit verbogenem Besteck, Plastikstühlen und schmutzigen Tischen zugrunde, dann ist es angemessen.

Anschließend geht es zum Flughafen. Zweieinhalb Monate sind tatsächlich schon vorbei. Danke Olivia und danke Jack, dass wir so viele erlebnisreiche Tage hier verbringen durften! Goodbye und macht's gut!

Jetzt stehen uns drei Flüge hintereinander bevor: Von Langkawi nach Kuala Lumpur, von dort aus nach Singapur und dann weiter nach Düsseldorf. Beim Einchecken auf Langkawi wundern wir uns über die vielen vollverschleierten Frauen. Die müssen alle mit uns auf der Insel gewesen sein, aber gesehen haben wir nur selten welche. Wahrscheinlich sind es sehr wohlhabende Araberinnen, die die meiste Zeit in ihrem Luxushotel verbracht haben.

Mit dem einstündigen Flug nach Kuala Lumpur haben wir die erste Etappe bereits gemeistert. Am Flughafen in Malaysias Hauptstadt ist es natürlich viel belebter, und auch hier tragen viele Frauen ihren Gesichtsschleier Niqab zur Schau. Interessant wird es bei der Ausreisekontrolle. Während wir in einer sehr internationalen Warteschlange stehen, werden Häftlinge in Handschellen zum Nachbarschalter gebracht, immer zu zweit aneinander gekettet. Die Handschellen werden ihnen für die Passkontrolle abgenommen, da dürfen sie einzeln durch, direkt dahinter werden sie wieder in Empfang genommen und erneut aneinander gekettet. Das ist ein befremdliches Schauspiel, aber so haben wir wenigstens etwas Abwechslung während der Warterei. Dann bin ich noch neugierig, was passiert, wenn eine Vollverschleierte vor die Beamten tritt. Sie muss erwartungsgemäß ihr Gesicht enthüllen, das ist jetzt keine zu große Überraschung.

Nun steht der zweite Flug an, Kuala Lumpur – Singapur. Beim Start schauen wir aus dem Fenster, ein letzter Blick auf Malaysia. Selamat tinggal – Auf Wiedersehen!

Nach 45 Minuten in der Luft sind wir bereits in Singapur. In dem westlich orientierten Stadtstaat fühlen wir uns wie in einer anderen Welt. Zweieinhalb Monate Malaysia haben ihre Spuren hinterlassen, der westliche Einschlag hat uns doch etwas gefehlt.

Noch ein letztes Mal das ganze Prozedere: Warten, Getränke leeren, Sicherheitskontrolle, warten, Boarding. Nach langer Zeit hören wir nun auch mal wieder deutsche Töne. Das Boarding verzögert sich, na prima, da hält die Vorfreude auf den 13-stündigen Flug von Singapur nach Düsseldorf länger an.

Dann dürfen wir endlich den Flieger für die letzte Etappe unseres Abenteuers betreten. Boarding completed und der dritte Platz in unserer Reihe bleibt frei, super gepokert. Goodbye Asien, Heimat, wir kommen!

Ralfs letzte Randnotiz:
Noch bevor wir unsere Reiseflughöhe erreicht haben, kommt ein bisschen Wehmut auf. Wir haben unglaublich viele Eindrücke gesammelt und wertvolle Erfahrungen gemacht. Zweieinhalb Monate lang durften wir am Alltag der Inselbewohner teilnehmen und haben dabei interessante Leute kennengelernt. Manche Tage waren traumhaft, aber wir hatten auch einige heikle Situationen zu überstehen. Unsere physische und psychische Belastbarkeit wurde mehrmals auf die Probe gestellt, aber je länger wir vor Ort waren, desto mehr traten Eigenschaften wie Gelassenheit, Flexibilität und Spontanität in den

Vordergrund. Mit gesundem Menschenverstand und einem freundlichen Auftreten konnten wir viele Aufgaben meistern. Insgesamt war es eine tolle Zeit. Wir sind froh, den Housesitter-Job angenommen zu haben. Vielleicht gibt's ja bald eine Fortsetzung. Irgendwo auf unserem wunderbaren Planeten...

Einmal um die Welt

Der gelebte Traum

Susanne Hartmann & Ralf Seck

ISBN 978-3-7347-3075-7   12,90 €

Susanne Hartmann & Ralf Seck haben ihre Jobs aufgegeben, um auf einer einjährigen Weltreise interessante Menschen kennen zu lernen, faszinierende Kulturen zu erleben und entlegene Flecken unserer Erde zu erkunden. Dieses Buch erzählt den Werdegang von der Entwicklung der Idee bis zur Umsetzung ihres Lebenstraums. Zahlreiche Abbildungen, Reise-Anekdoten zum Schmunzeln und Hintergrundinformationen zum Staunen ergänzen diesen Erlebnisbericht.
Die Reiseroute führte die beiden über Asien, Australien, Neuseeland, die Osterinsel, Galapagos und quer durch den südamerikanischen Kontinent bis hinunter nach Kap Hoorn. Sie ist geprägt von traumhaften Erlebnissen, unvergesslichen Eindrücken und wundervollen Begegnungen mit außergewöhnlichen Menschen und sonderbaren Tieren.

Von Susanne Hartmann und Ralf Seck
ISBN 978-3-8668-6473-3   12,90 €

FSC
www.fsc.org
MIX
Papier aus ver-
antwortungsvollen
Quellen
Paper from
responsible sources
FSC® C105338